JN118249

学び方が変わると人生が変わる

30日で人生が変わる
バッカーズ寺子屋の教育実践記録

バッカーズ寺子屋 塾長
木村貴志

梓書院

はじめに

２０１９年の終わりに、中国武漢で感染が確認された新型コロナウイルスは、瞬く間に世界中に広がりパンデミックを引き起こしました。これがどのように終息するのか予断を許さないところですが、人類は国境を越えて深いつながりを持っていること、そして、人生は一度しかないのだということが、くっきりとした輪郭を持って感じられるようになりました。

人生は時間です。そして、その最後の瞬間に何を思えるかは、どのように人生の１日１日を生きたかにかかっているのだと思います。多くの場合、虚しい人生を望む人はいません。だからこそ、人生には生き甲斐が必要ですし、仕事にはやり甲斐が必要だと思います。できれば充実した人生を生きたいと人は願うものです。

にもかかわらず、なかなかそうした人生には手が届かないと思っている人は大勢います。なぜなら、生き甲斐は、自分で実感するしかないものであり、他人が与えてくれるものではないからです。そして、何を生き甲斐とするかは、自分が人生の志を立てることで、初めて見えてくるものだからです。自分がどのような人生を生きたいのかわからないままに、充実した人生だと実感することは難しいと思います。だから、私は「志の教育」の大切さを伝え続けたいと思っています。

志とは、究極的には利他の心と共にあるものです。個人的な私利私欲から離れて、多くの人たちの幸せを願う心がその根底には流れています。また、志は自分一人で成し遂げられるようなものではありません。だから、人格を磨くことが大切になります。多くの人に信頼され、共にゴールを目指すことが必要だからです。そこには勿論、自己実現や自己の幸福も含まれています。利他の心とは、決して自己犠牲を強いるようなものではないのです。

ビジネスにおいても、永続的に成功し続ける人は、志を持ち、人格的にも素晴らしい人たちだと思います。私は多くの経営者たちと出会い、それを実感してきました。

私は、志を立て、教養を深め、人格を磨く教育こそが、永続的な成功をもたらしてくれると考えています。そして、その教育を子どもたちに伝えたいと思っています。なぜなら、人生をより豊かに生きていくために大切なものの見方、考え方を、子ども時代に、親や先生以外の人たちから教えてもらえる機会はとても少なくなっているからです。

２０１９年、日本はラグビーワールドカップで素晴らしい成果を収め、日本中を熱狂させてくれました。一人ひとりの選手が個人として全力を尽くし、また、チームとして大きな力を生み出し、全力で闘う姿に胸が熱くなりました。

２０２０年、その熱気のままに東京オリンピックへとなだれ込むはずが、covid-19（新型コロナウイルス感染症）が世界中に拡散し、オリンピックは延期に。そして、海外では多くの都市がロックダウンされ、日本でも緊急事態宣言が発令され、何カ月もの期間、自宅待機を余儀なくされました。三密（密閉、密集、密接）を避けるために、リモートワークが余儀なくされ、新しい働き方が模索されることとなりました。これからは、オンラインでの教育が更に拡大し、働き方も様々に変わっていくのだろうと思います。

しかし、それはあくまでも補助的手段であって、やはり本当に大切なことは、人間と人間との深い関わり合いの中からしか生まれてこないと私は思います。自動翻訳機でのコミュニケーションが、補助的手段として有効であっても、やはり本当の意味でのコミュニケーションは、アイコンタクトや身振り手振りや、その人が生み出している人格としての空気感を共有することで成り立っているように。

私もラグビー日本代表の活躍を映像で見て心を熱くした一人ではありますが、そのもとには、一人ひとりの選手たちの、日々の現実での取り組みがあります。仲間と共に、汗と涙を流し、地道な練習が積み重ねられ、あくまでもその結果として、活躍する姿はスクリーンに映し出されたのです。チームとして、スクラムを組んだり、タックルに行ったり、リアルに体をぶつけ合い、呼吸を合わせていくことでしか身につけることのできないものがそこにはあるのです。

教育にとっても、「実体験」や「感動」はとても大切な要素だと思います。特に私がテーマとする「人間教育」「志の教育」にとってはそうです。心を動かされて、また、人と人とが、言葉を交わし、行動し、触れ合っていく中で、はじめて人は人として成長することができるのです。そこにはどうしても生身の人間との関わりが必要です。

パンデミックによって、人と人との触れ合いが制限される期間があったとしても、いつかまた必ず元に戻る日が来ると思います。歴史を紐解いてみると、人類はかつて、ペスト、コレラ、スペイン風邪など様々な感染症が広がったために、多くの人々が犠牲になる悲惨な経験をしてきました。しかし、そのたびに人類はまた起ち上がってきました。そして、人と人との関わりの中で、新たなアイデアを生み出し、より良い暮らしと生き方を求めて止みませんでした。だから、今回の新型コロナウイルス禍も、いつかはきっと乗り越えて、より豊かな生活を生み出していくのだろうと思います。

　また、違う視点から歴史を遡って考えると、紀元前の孔子、ブッダ、キリストが説いた教えは、未だにその光を失うことはありません。裏を返せば、いかに人間の本質が変わらないかということでもあります。「もうそうした古い教えは身についたから不要だ。更に高い次元の教えが欲しい」とは、人は思えてはいません。

　だから、教育にも、こうした不易の部分と流行の部分とが必ず必要だと思います。流行の部分について言えば、医学や科学技術はめざましく進化し、様々な領域での研究も素晴らしく進歩してきました。教育に密接に関わってくる脳科学の分野もその一つです。脳のどの領域が、人間のどのような行動や心の動きに関係があるかが急速に明らかになってきました。

　しかし、それでも、教育問題である、いじめや非行はなくなりません。自殺する子どもたちも減らないどころか増えています。大人の世界でも、新入社員が打たれ弱く、すぐに辞めたり、逆ギレしたりという問題も増加しています。最新の研究成果による正確な科学的原因究明も必要ですが、世の中の多くの人たちが、子育てや教育において必要としていることは、「どうすれば子どもたちが、しっかりした大人に育つのか」です。そのことが、一度の人生の幸せにつながっていくからです。いくら正確に原因究明ができたとしても、良い教育実践ができなければ意味はありません。また、子どもの問題行動や病理には、家庭環境、学校環境、友人関係、食の問題、生活習慣、経済状況、様々な要因が複雑に絡み合っていますから、そう簡単に原因究明ができるものでもありません。

今、必要なことは、最新の脳科学などの成果にも学びつつ、現代の人たちが省みなくなった、先人たちが積み上げてきた教育実践や教育哲学を学び直し、長い年月かけて受け継がれてきた、教育の経験則を大切にすることだと思います。私はその仮説に基づいて、様々な教育実践を積み上げてきました。

私は10歳から15歳（小学4年生から中学3年生）の子どもたちの学び舎「バッカーズ寺子屋」「バッカーズ九州寺子屋」の塾長を務めています。

この学び舎は、学校とも学習塾とも、既成概念にある様々な習い事とも違う学び舎で、様々な角度から、人として大切なプリンシプル（生き方の原理原則）や、ものの見方・考え方、マナー、その他様々なことを学び、夢を志に高めるための学び舎です。

1年間、学校も学年もバラバラの塾生たち20名ほどと一緒に、企業トップの話をうかがったり、企業訪問をして社会について学んだり、合宿をしたりと様々な角度から学んでいます。1年間で学ぶ実日数は30日ほどですが、塾生たちの成長ぶりは素晴らしく、人として逞しく成長していきます。

その変化は、塾生自身にも自覚することができていますし、ご両親はじめご家族の方や学校の先生方も感じているほどです。こうした目に見えるような大きな成長・変化は、私が高校の教師をしていた時には、生徒に対してなかなか感じることのできないものでした。また、自分の子どもに対してもあまり感じた経験のないものでした。

勿論、学校の生徒も、我が子も成長するのですが、間近で見ているがゆえに、却ってそれに気づけないことが多いのだと思います。しかし、バッカーズ寺子屋では、塾生自身も保護者のほとんどの方も、また、学校の先生もお子様の変化を感じているようです。

私はこの寺子屋の教育に、日本の教育を変えていく大きなヒントがあると思います。そのエッセンスを一人でも多くの人に伝えたいというのが本書の目的です。書いていることは、バッカーズ寺子屋の講座で話していることとほぼ同じ内容ですから、全国の10歳から15歳の皆さんに伝えたいという思いもありますが、やはり、共に学ぶ時間と場を共有していなければお伝えするのはちょっと難しいとも思います。ですから、その年代のお子様をお持ちの親御さんはもちろん、あと数年でお子様がその年代にさしかかる親御さんにも是非、読んでいただきたいと思います。また、学校の先生や教育行政の皆様、企業教育の御担当者など、教育に関わる多くの方にも是非知っていただきたいと思います。

そして、この教育方法を受け継いでくれる人が一人でも出てきてくれることを期待しています。10歳から15歳という時間は短く、人生の中で非常に限られた大切な時間だからです。

私はこの寺子屋の教育の他にも多くの企業で「志の教育」をテーマに社員研修を行っています。子どもと大人、両者に関わる教育をしていて、改善すべき課題は共通しているということに気がつきました。

それはおおよそ、次の三点です。「1、受身・指示待ち・消極的であること。2、自分で考えていないこと。正解を欲しがること。3、志がないこと。つまり、自分の人生を主体的に考えて生きていこうとする意志が弱いこと」この三つです。

端的に言い換えれば、学校で目的もわからないまま、勉強をさせられてきた子どもたちが、会社に入って仕事をさせられる大人たちになっているということです。

企業が社員に足りないものとして企業研修に求めているものと、学校教育での課題は実は同じだったのです。そして、この問題の因果関係は明確です。子どもの頃から受けた学校教育によって、そうした意識が次第に醸成されてきているのです。家庭教育の影響も大きいと思いますが、学校教育の影響の大きさを、塾生たちや新入社員の皆さんから感じます。

例えば、企業の次世代リーダーの研修は、対象は40歳前後の社員です。社員が、小学校6年間、中学校3年間、高校3年間の合計12年間を学校で過ごしたとします。これは36歳の社員にとっては自分の人生の3分の1に当たる時間です。

そこで身についた良い点も沢山あります。しかし、そこで身についてしまっている弱点（つまり、先ほどの3点と、それが身についてしまうプロセス）をハッキリと見定めて改善していかなければ、社会人になってから修正をしていくことには、大きな労力と時間が必要になります。

この「学び方を変える」という教育改革には、大きなエネルギーが必要です。しかし、それを変えていかなければ、日本の明るい未来は展望できないと思います。

幸いそれを短期間で変えていく方法が見つかりました。それがバッカーズ寺子屋の教育です。1年間の中でわずか30日ほどの教育プログラムですが、大きな成果を上げることができます。

その教育の本質は、1、学び方を変えること。2、志の教育を提供すること。たったこの二つです。といっても、そこには様々な仕掛けと実践方法があります。

その教育の本質を私の拙い筆でお伝えすることは簡単ではありませんが、意のあるところをくみ取っていただければ幸いです。

この本の第1章「人格を磨く教育の実践」では、バッカーズ寺子屋・バッカーズ九州寺子屋の教育とは何かを簡単にお伝えしています。

第2章「今、求められる『学び方の変革』」では、塾生たちが得たものが、「聴く・読む・書く・話す」という基本的な学び方の変革の上に成り立っていることを書いています。

第3章「今、求められる『志の教育』」では、「志の教育」とは何かについて説明をしています。また、「志とは何か」「どうすれば志を立てられるのか」に触れています。

第4章「教育にとって大切な18のポイント」では、共に学んだバッカーズ寺子屋の塾生たちが、「感じたこと・気づいたこと・学んだこと（考えたこと）」を書いた卒塾文集を抜粋しながら、その教育方法と考え方を書いています。

第5章「未来へ託したいこと」では、第1章から第4章までに通底している、「制度改革ではなく、学び方の改革を」ということと、「教育における『不易』の大切さ」についてまとめています。

この本が少しでも、教育の未来に貢献できることを願っています。また、色々なところでバッカーズ寺子屋のような活動が生まれることを心から望んでいます。

教育にとって何が必要か

バッカーズ・ファンデーション／常務理事
バッカーズ教育事業委員会／委員長
麻生セメント株式会社／代表取締役会長
麻生 泰

バッカーズ寺子屋塾長の木村貴志先生の教育方法とその成果、卒塾生約６００人の成長ぶりと魅力向上の実績を見てきている支援者の一人としての感謝の気持ちを、今回の出版に合わせて書きます。

我々ビジネスマン30人位で、20年程前からボランティア活動をしている中で、「やはり私たちがやるべきことは、子どもの教育支援ではないか」という声が上がりました。それは、「子どもたちのための寺子屋づくりをし、意欲が在り、志ある子どもたちの育成支援をしていこう」という具体的プランと行動になりました。

寺子屋での教育を実施するにあたり、「いかに思いを持って生きるか」といった経営者講話は私たちが担当することが出来ても、寺子屋の中核となってもらうプロの教育者が必要だということで、全国から適任者を探し、木村先生が選出されました。

爾来、東京で15年、福岡で12年、このバッカーズ寺子屋塾は続いています（残念ながらコロナ禍で今年1年は休止をしています）。

1年間のプログラムと教育内容はこの本に記してありますが、小学4年生から中学3年生までの男女20人強が、年間33日ほどを使って、講義と3回の合宿と幾つかのイベントを行います。その中で私たちの講話と木村先生の講義、そして講座毎のレポート提出などがあります。

学校とは違い、詰め込み教育、暗記の学問ではなく、「自分で感じたこと、気づいたこと、学んだこと（考えたこと）」が重視され、それを整理した上でのレポート提出が毎回求められます。書くスピードや力が向上すると同時に、レポートを書くために当日の講義や講話をしっかりと聞く力が各塾生に付いてきます。

私も毎年講話をしますが、子どもたちが真剣に受講し、質問を出してきて、普段の聞き手とは全く異なる熱気を感じながらの講話になっています。聞く姿勢が違いますし、嬉しいことに質問がシビアーかつストレートに飛んできます。木村先生が言う「攻撃的に聴く」

という教えが身についています。こうした子どもたちの変化、成長、気合の入り方はこの本の中に載っている多くの塾生たちの感想から読み取っていただけると思います。

この度、木村先生が、こうした寺子屋の教育手法、教育内容をまとめて発刊し、研修講座の中身を公開されました。ここには、教育をより良いものに変革していくための、実に重要なヒントがたくさん含まれており、この実績報告が多くの方の参考になると思います。「意欲ある若者づくり」という、実にやりがいのある、そして大切な活動の内容とそこでの成果が書いてありますので、塾生たちの素直な生の声や、感じている印象、そして、その成長ぶりなどから、この教育の効果を体感していただけたらと思います。特に、自分の考えをしっかりと持ち、発信する力を付けるには、どのような考え方で教育をしていけば良いのか、教育実践を通じての子どもたちの成長ぶりが、塾生のレポートから伝わってきます。

同時に私は、各学校での先生方の自己学習や自己成長の大切さ、そして、志を持って日々の教壇に臨むことの重要性を感じます。また、日本の未来に繋がる教育への強い志を持っておられるかなと疑問も感じます。ルーティーン的な要素もある日々の教室で、教員が自己を磨き、教員志望時の思い入れや使命感を忘れることなく、輝き、エネルギーある授業をし続けていかれることが大切だと思います。また、感謝の心を忘れることなく、教育という大切な仕事に向き合っていただけたらと思います。こうした感想を、私はバッカーズ寺子屋の教育実践を目の当たりにして持つようになりました。

バッカーズ寺子屋では、経営者講話が、年間に6、7回あります。現役リーダーたちの思い入れ、使命、ビジョンなどを私たちが真剣に語る中で、塾生たちはリーダーのあるべき経営姿勢、大切にしなくてはならない生き方、マナー、あるいは、その人のエネルギーを感じ取ります。そして、何がリーダーには必要なのか、どういう共通点をリーダーは持っているのか、この人の魅力は何なのか、などを直接受け止め、考え、メモを取ります。講座の後に、レポートとしてまとめるという課題も控えているので、予習もし、質問も多くして、講義中に聞けなかった多くの実践話や成功秘話を引き出していくのです。バッカーズでのこうした講義を聞く姿勢や習慣が学校の授業にも繋がっていき、意欲ある言動に変わり、明るく、先導者の下地を築き、思いやりの心も同時に広げていきます。この本には、そうした塾生レポートもたくさん掲載されていますのでお楽しみください。

企業訪問も年間に6回ほど開催され、これもまた重要な学習機会です。小学校高学年や中学生が支援者の会社を訪問するのですが、トップからの指示が通っているので、会社や医療現場、或いは工事現場の担当者が、社会人としての生き方や、プロとしてのやりがい等を熱心に塾生たちに報告します。製造業とはどういう仕事なのか、建設業とは、運輸業とは等、現場を訪問しなくてはわからないことを体感できる貴重な機会です。

飯塚病院も塾生たちの訪問を毎年受けるのですが、私が驚くことは、まずは、医療現場が非常にウエルカムをしてくれることです。子どもたちの意識の高い受講姿勢や、真剣な質問をすることが医療スタッフには嬉しく、また、刺激になり、大いに来院を楽しみにしています。そして、20人強の塾生の中からは、毎年、2人位が医師への道や医療スタッフのプロになっていく道を選択しているのです。自分が現場体験を通して体感し、思う所あって選択した将来像ですので、意欲的な学習姿勢に変わります。

木村塾長の教育の成果は保護者の反応からも分かります。「上の子が大いに変化、成長してくれたから下の子もお願いします」という保護者の比率が高く、また、卒塾生の保護者からの強いすすめでお子様の入塾を希望される方が多いのは、この寺子屋教育の成果であり、保護者の方々の満足度の高さだと思います。

木村先生が福岡の方だということから、私は東京での開塾から3年遅れて、福岡でも全く同じ形式の寺子屋を開設しました。東京よりも人気度は高まり、入塾希望者や支援者の輪も大きく広がり、遠く、熊本や広島からの塾生たちもいます。保護者の方々の要請で大人たちを対象にした木村先生の講演や研修も開催されています。

毎年、7月から新学期が始まるのですが、一度講習をした後に、すぐに萩で3泊4日の合宿があります。吉田松陰の「志の教育」をこの寺子屋の背骨にしているからです。また、それだけではなく、釣りやバーベキューや萩焼作りなど、楽しさ満載の合宿でもあります。少子化の中で年上のお兄さんお姉さんや、年下の新しい仲間とこの4日間でチームが出来、リーダーが出来、時間厳守のマナーを身につけ、松陰先生の思いを学び、自然とも親しむ大事な機会です。実によくできたプログラムだと思います。

私は子どもたちへの教育の重要さを感じ、この寺子屋の教育事業委員長として大きなやりがいと、誇りをこの活動に感じています。日本の将来を担う塾生、卒塾生が増えていく役立ちをこれからもしていきます。

木村先生のエネルギー、多くの経験からの生徒育成スキル、実績を積み重ねてきた自信を感じ、こうした教えが全国に広がっていくことを期待し支援していきます。

学び方が変わると人生が変わる＊目次

【第3章】今、求められる「志の教育」

【第4章】教育にとって大切な18のポイント

【第1章】人格を磨く教育の実践

バッカーズ寺子屋の塾生レポートが示唆する教育に大切なもの

バッカーズ寺子屋・バッカーズ九州寺子屋は、原則として10歳から15歳までの子どもたち、学年でいえば、小学4年生から中学3年生の子どもたちを対象に年間で30日ほどを共に過ごす学び舎です。定員は20名程度（最大で24名）。7月に入塾して、翌年の6月には卒塾します。毎回の講座は日曜日に開催され、時間帯は、9時30分～16時30分（九州は9時～16時）。年間6人の経営者講話、年間6社の企業訪問、そして、年3回の合宿などを経験します。

次の文章は、小学5年生の7月に入塾し、6年生の6月に卒塾した女の子が書いた卒塾レポートです。まずは、生の子どもの声に触れていただき、何を学んでいるのかを感じ取っていただけたらと思います。

「私はバッカーズ九州寺子屋に入塾して、将来生きていく中で重要な経験を、毎回の講座でさせて頂きました。バッカーズでの経験は、一生忘れることのない学びであり、私の大きな自信につながりました。その中で特に心に響いたことが、２つあります。

１つ目は、志を立てるということです。このことは、企業訪問や経営者講話で、毎回大切さを感じました。私は、バッカーズに入塾するまで〝夢〟と〝志〟の違いや、〝志〟という言葉の意味を知りませんでした。ですが、バッカーズの支援者の方々の未来について真剣に考えている目や、志があったからこそ成功できたというお話を見たり聞いたりしているうちに、「早く志を立てよう」と思うようになりました。私はまだ志を立てていないのですが、たくさんの人の役に立つ人になりたいと思っています。

私は、志を立てるためにまず、世界の動きについて知ることが大切だと思います。バッカーズでは、講座の最初に新聞を読むことが多くありました。私はそこで読む新聞の出来事を、ほぼ知らず驚くばかりでした。塾長が毎回「新聞を読むことは大切です」とおっしゃっていて、正直少し面倒だとは思っていましたが、私も新聞を読み始めました。新聞を読んでいると、知らなかったニュースを知ることができ、新たな気づきもありました。そして、色々なことに興味を持てるようになりました。例えば、異国との文化の違いです。私は新聞で見て興味を持ちました。だから岩本さん（福岡成蹊学園理事長）の経営者講話のときの、留学のお話はとても興味深い内容でした。バッカーズに入る前は「留学って何のためにあるのだろうか？」と思っていました。ですがこのお話で、「絶対に留学したい！」と思うようになりました。だから、新聞を読んでいて異国についての記事があるときは、チェックするようになりました。さらにあらゆることについて、広い視野で考えることが少しずつできるようになりました。色々なことに興味を持つと、その中から自分の本当にやりたいこと、つまり志が見えてくると思います。私は、世の中のことを知り、じっくりと考え、一生をかけて貫き通す志を立てていきます。

２つ目は、失敗を学ばせてくれる環境のありがたさです。入塾したとき、塾長が「バッカーズでは、大いに失敗してください。人はだれでも失敗します。失敗して、大いに学べばいいのです」とおっしゃっていました。私はその言葉にとても驚きました。学校では絶対に言われることのない言葉だったからです。私は忘れ物をしたり、遅刻をしたりと何度も失敗をしてしまいました。「支援者の方々や塾長、スタッフの方々が一生懸命用意くださった貴重な講座を、私は自分のミスのせいで無駄にしてしまった。どうしよう……」と思っていても、いつも塾長やスタッフの方々はにこやかに対応してくださいました。これが学校だったら、「なぜこんなことになったのですか。反省しなさい」と注意されます。バッカーズでは、たくさんの企業訪問や合宿があります。ですが、事前の諸注意はあまりありません。一方、学校で社会科見学や修学旅行があるときは、三十分もの諸注意があります。ですが、内容は同じようなことを繰り返し言われるだけです。私はバッカーズと学校の失敗の受け止め方の違いに気づきました。このことから私は、塾長や支援してくださる方が私のことを心から信じてくれているのだということを強く感じました。バッカーズの失敗できる環境から、失敗からもたくさんのことを学べることに気づきました。私は、バッカーズで失敗させていただいて、確認することの大切さや、時間の大切さを学びました。これからも、この学びを生かして、たくさんのことに挑戦し「失敗」という経験を積み重ね、大きく成長していきます。

私はこの〝バッカーズ九州寺子屋〟という真剣な学びの場に入塾することができ

て、本当に良かったと改めて思いました。それは心が大きく成長したからです。今、私は小学六年生です。先日、学校で委員会の委員長決めがありました。私が入っている計画委員会は、いわゆる生徒会のような、学校で一番重要な委員会です。私は、バッカーズで日本のリーダーにたくさん出会い、リーダーについてたくさん学んでいました。私は最初から委員長になりたいと思っていました。委員長は、なりたい人が立候補して多数決で決まります。その際に一人一人が意気込みを言います。私はバッカーズで習ったスピーチを生かして意気込みを言いました。多数決では、たくさんの票が集まり、委員長になることができました。私が委員長になれたのは、全てバッカーズのおかげです。

バッカーズに入塾する前、私は委員長になりたいと自分から思うことなど、想像してもいませんでした。その時の私は、〝リーダー〟や〝長〟がつくものに目を向けず、興味さえ持たない人だったからです。私は過去に、学級委員に推薦されたのに、即答で「いやです」と答えてしまったことがあります。今それを後悔しています。バッカーズに入塾する前、「バッカーズって、スピーチとかレポートとか大変そう」と思い、あまり気が向きませんでした。ですが実際に入塾すると、今までに考えたこともなかった志や日本の未来について考えるようになり、委員長にも立候補できるようになりました。バッカーズでの学びは全て人生に生かされています。

そして、何より大切にしたいのがバッカーズ九州寺子屋で出会った九期生の仲間です。志を立てるために大切なことの1つに〝師友に学ぶ〟ということがあります。その場がまさにバッカーズでした。講座では毎回一人1回マイクが回ってきて考えを言う時間があります。1つの新聞記事に対して考えを言うときもあります。ですが、色々な考えがあり、自分が考えつかない感想がほとんどでした。スピーチコンテストのときにもたくさんのことを学びました。第1回スピーチコンテストのテーマは〝伝えたい感謝の言葉〟で、自分が感謝を伝えたい人や物についてスピーチをしました。私は身近な両親に感謝のスピーチをしました。私はみんなも両親や家族など、〝人〟に感謝のスピーチをするだろうと思っていました。ですが、ランドセルや日本のきれいな水、食べ物など〝物〟に感謝をしている仲間がいて、物の見方、考え方の違いを学びました。

このように私は、バッカーズでかけがえのない学びを得ました。これは、塾長や、スタッフの方々、支援者の会の方々が日本の将来を私たちに託してくださっているおかげです。塾長は毎回の講座の内容を真剣に考えてくださり、スタッフの方々は、私たちが楽しめるように26人分の準備をしてくださり、支援者の方々は講話の内容をわかりやすく真剣に考えてくださいます。私はこれから、支援してくださる方々の想いに応える〝強く明るい〟人になります。そして、何事も真剣に考え、多くの人のためになるリーダーになりたいと思います。」（小5・女子）

※（この本で引用した塾生レポートの後には入塾時の学年を記載しています。卒塾時には1つ学年が上がっています）

このレポートは親が子どもに代わって書くことはできません。なぜなら、自分が1年間のバッカーズ寺子屋の講座で「感じたこと、気づいたこと、学んだこと（考えたこと）」をテーマに書くレポートであり、自分の体験を通してしか書けないものだからです。「子ども時代にたまたま良いことを書いただけだろう」と思われる方もいらっしゃると思いますが、それも違います。なぜなら、卒塾後、中学生、高校生になって、部活動や生徒会活動をはじめ、様々な所でリーダーシップを発揮する卒塾生たちが非常に多いからです。また、海外に留学する塾生は大多数にのぼり、大学進学や企業への就職も、国内、国外を問わず、幅広く進路を選択しています。起業家、芸能人、医師、弁護士、教師、また、商社・コンサル会社・食品メーカー・エネルギー関連企業などへの勤務、それぞれが目的意識をもって、自分の道を歩んでいることを感じます。

なぜ、たった30日ほどでこうした成長が起きるのか。それは、10歳から15歳の多感な時期の教育に何が必要かということと関連していると思います。今、教育界において新しい概念が色々と提唱されています。「非認知能力」や「メタ認知」、あるいは「アクティブラーニング」など様々な言葉があります。バッカーズ寺子屋が設立された15年前には、こうした言葉を耳にすることはありませんでした。しかし、今、そうした本を読んでいると、「あぁ、そういうことを今までやってきたのか」と納得することが多くあります。

この本は、15年間、６００人を超える子どもたちと学んできた実践記録でもあります。第4章では、その足跡を少しでもお伝えできるよう、塾生たちの卒塾文集を中心に書き進めます。また、それがなぜそのような成長をもたらすのかということにも触れていきます。私はこのような学び舎が日本中にたくさんできていったら良いと思います。それは、私の願いでもあり、この寺子屋を始めようと考えられた多くの経営者の思いでもあります。

バッカーズ寺子屋とは

社会貢献事業としてのバッカーズ寺子屋

ここで、バッカーズ寺子屋、そして、バッカーズ九州寺子屋とは何かを少し説明しておきたいと思います（以下、二つを合わせて、「バッカーズ寺子屋」と称します）。

バッカーズ寺子屋は2005年に、バッカーズ・ファンデーションという経営者団体（会長　セコム株式会社　創業者　飯田亮氏）が立ち上げた教育事業です。この団体は、動物愛護、演劇、現代アート、教育、様々な分野で、国際貢献や社会貢献事業をしています。2003年頃から、「やはり日本の教育を何とかしたい」という思いで、寺子屋作りがスタートしました。

最初は、経営者の皆さんが、自分たちが話をする、自分たちの会社を学び舎として提供するということだったのですが、やはり、誰か柱となる先生が必要だろうということで、全国から先生をお捜しになったようです。

最初の教育事業委員長である安田信氏とお目にかかって、日本の教育の問題、日本人として何を学んでいく必要があるか、様々な話をさせていただきました。そして、バッカーズ少年教育10原則を提示され、子どもたちに「プリンシプル」（人として大切な、行動の原理原則となるもの）を教える寺子屋を作りたいとのお話をいただきました。それを元に、寺子屋の教育プログラム作りがスタートしました。対象年齢、開始時期、学ぶ期間、日数、時間、合宿の場所と内容、様々なことを0から検討しました。そして、この内容で行こうということになり、私は塾長を務めることになりました。

こうしてスタートした手探りの寺子屋でしたが、多くの人に支えていただき、大きな成果を生み出すことができました。２年ほどで少しずつ軌道に乗り始め、３年後には、安田信氏の後を受けて教育事業委員長に就任された麻生泰氏が、九州の財界人に声をかけてくださり、バッカーズ九州寺子屋が福岡でスタートすることとなりました。２０２０年の今年、東京は15期目、九州は12期目をそれぞれ迎えています。

バッカーズ寺子屋の教育内容

バッカーズ寺子屋の教育の最も大きな特徴は、年間６人の経営トップの話をうかがうということ、年間6社の企業を訪問させていただき、社会や仕事について学ぶというところにあります。トップリーダーたちの思い、志、視野の広さ、人間性、様々な角度から学ばせていただくことができます。これは実に貴重な経験となります。多感な時期に、そうした人との出会いは人生を変えていくような大きな刺激を与えてくれます。子どもたちがうらやましい限りです。

バッカーズ寺子屋では、この経営者講話と企業訪問を学びの柱として、次の七つのことを大切に学んでいます。

①プリンシプルを学ぶ

プリンシプルとは、人として大切な、譲ることのできない、生き方の原理・原則という意味です。

※理解しにくい方は、『プリンシプルのない日本』（白洲次郎著・新潮文庫）をお読みになると良いかと思います。白洲次郎という人物は、戦後の復興期に政財界で活躍した人で、ケンブリッジ大学に留学し、そこで紳士としての在り方を学びます。戦後、吉田茂首相との交流もあり、イギリス仕込みの流暢な英語でGHQとの交渉役も務め、マッカーサーに「唯一、従順ならざる日本人」と

言わしめた人物で、後に東北電力の会長も務めています。

バッカーズ寺子屋では、バッカーズ少年教育10原則を基本に据えて、自分の人格を磨き、生き方を貫いていく上で大切なプリンシプルを学んでいきます。バッカーズ少年教育10原則というのは、次の10箇条です。

1　ウソごまかしをしない。誰が見ていなくても「お天道様」が見ている。
2　自己責任とは。人のせいにしない。自分の判断力と決断力を持とう。
3　よく働き、よく学び、よく遊ぶ。よい競争心を持とう。
4　感謝心を持とう。
5　人に迷惑をかけない。良いマナーを持とう。
6　自分に厳しく、人に寛大に。
（その逆の、自分に甘く、人に厳しい人は本当にカッコ悪いよ）
7　人のためになろう、国のためになろう、世界のためになろう。
8　いつもユーモアの心を持つ。
9　人をタイトルや外見や名前や住んでいるところで見るのではなく、いつもその本人で見よう。本物とは何のことか考えよう。

10 国際人とは何かを考えよう。自分の国を愛し、他の国の人とも本当の友だちになれ、他人のことも考えられることが国際人だ。

これは私が考えたものではなく、バッカーズ・ファンデーションの経営者の方々が、自分の人生、ビジネスを振り返り、また、これからの日本人にとって必要不可欠なものとして選んだ10のメッセージです。

損得を基準に行動するのでも、事なかれ主義で行動するのでもなく、長いものに巻かれてイエスマンになるのでもなく、何が人として正しく、社会に善き価値を生み出し得るのかという考え方を身につけ、自分の判断と決断で行動する力を身につけて欲しいという願いのもとに、1年間の学びが作られています。

②異年齢の仲間と共に学ぶ楽しさを知る

少子化の影響で兄弟姉妹が少なくなり、学校での学びは年齢や学区や偏差値によって切り分けられています。だから、子どもの頃から異年齢の友だちと遊ぶ経験のある子どもが少なくなり、多様な価値観の人間と共生する土台が希薄になっていることを感じます。グローバル化が進み、多様な価値観を持つ人たちとの関わりが進んでいく今日、子ども時代に国内においても違う生育歴を持ち、異なる価値観の仲間と遊ぶ経験はとても大切です。日本の学校教育で強く働く「みんなと同じでなければならない」という意識から離れ、伸びやかに切磋琢磨していくことが、一人ひとりの人間の心の広さと魅力を生み出していくことを感じます。

バッカーズ寺子屋では、学校も学年も違う20数名の友だちと、年3回の合宿で寝食を共にし、お互いに仲良くなりながら1年間学んでいきます。年上の塾生が年下の塾生の面倒を見ることもあれば、大いに学ぶこともあります。年下の塾生が年上の塾生に憧れや尊敬の念を持つことも良い刺激だと思います。

また、お互いのスピーチを聴いたり、レポートを読んだりして切磋琢磨していくことが、子どもたちを大きく成長させる刺激になっていることを感じます。

③世界と日本を知る学び

世界は今、どのような状況にあり、これからどう変化していくのか。日本は今、どのような状況にあり、これからどう変化していくのか。私たち一人ひとりが、世界と日本の「過去・現在・未来」を見つめ、世界の中の日本の一員として、どのように学び、どのように生きていけば良いのかを考えていきます。

多くの企業トップの講話、企業訪問、新聞記事の解説、読書などが、社会への視野を広げ、自分の将来の方向性を考えていく上での大きなヒントを得ることができます。バッカーズ・ファンデーションの経営者以外にも、グローバルに活躍されている方に、特別講話やホームカミングデイ※の場で講話をしていただくこともあります。世界を相手に活躍されている方々の生の声は、大きな財産になっていきます。語学の重要性をより一層理解したり、留学への興味が高まったりと、大きな刺激を得ることができます。

(※ホームカミングデイは、年に一度、現役塾生・卒塾生が一堂に集まる交流会のこと)

④考える力・表現力を磨く学び

バッカーズ寺子屋の1年間には、様々な体験活動が用意されています。その全てが、アウトプット(話す・書く)を前提としたインプット(聴く・読む)をしていくことで一貫しています。具体的には、「聴き方・読み方」というインプットの方法について改めて学び直し、レポートを書くことや、スピーチをするアウトプットの方法をトレーニングし、一人ひとりの思考力と表現力を伸ばしていきます。

講座毎のレポートのテーマは、「今日の講座で、私が感じたこと、気づいたこと、学んだこと（考えたこと）」です。この意識を、話を聴く段階から常に持っておくことが、思考力を育みます。受身で話を聞き流していても、自分の考えは生まれてくることはありません。常に、「なぜだろう？」「較べてみると何が言えるだろう？」という意識を持つことが大切です。

経営者講話のみならず、塾長講話、塾生の発表、新聞記事、あらゆることについて「君はどう思った？」と間髪入れずにマイクが向けられます。入塾して間もない頃は、マイクを手に持ったまま固まって無言の時間が続きます。しかし、次第に意識して話を聴くことができるようになると、色々な意見をスムーズに言うことができるようになります。

また、レポートについては、「量から質が生まれる」と繰り返し伝えながら、下手でも良いからたくさん書くうちに、内容のある素晴らしいレポートに変化していきます。半年ほど経つと、文字もしっかりした読みやすい字に変化していきます。これは、文字の練習をしているというより、他人に読んでいただくのにふさわしい文字かを意識して書くようになったことと、自分の考えが確立されてきたことでしっかりした文字を書けるようになるということです。「書は人なり」とはよく言われますが、手書きの文字に、その人となりが現れることについて、教育に関わる私たちは、もっと意識しておく必要があるのだと思います。

⑤マナーと心遣いを身につける学び

社会に出て人としての信頼を得るためには、きちんとしたマナーを身につける必要があります。ＴＰＯに応じた服装、立ち居振る舞い、あいさつ、時間を守ること、正しい言葉遣いができること、テーブルマナーが身についていること、公共の場で人に迷惑をかけない振る舞いができることなどです。そのために、まずは、知識を身につけることが大切ですが、「わかること」と「できること」は違います。正しい状況判断ができ、他人に不快な思いをさせないように、また、他人に迷惑をかけないことはもちろん、更に、他人に対して十分な心遣いができるように、マナーを身につけて欲しいと思います。

そのためには、色々な機会を捉えてマナーについて学んでいくことが大切です。また、バッカーズ寺子屋では、箸使いコンテストなどを通じて、楽しみながら箸の正しい持ち方を身につけることや、ホテルやレストランでの食事を通じて、洋食のマナー、和食のマナーを身につけることも大切にしています。

⑥「考え方」を身につける学び

「思考力」を鍛える学びとは別に、古今東西の聖人賢人の「考え方」に学ぶ機会をバッカーズ寺子屋では大切にしています。

二度とない人生を素晴らしいものにするためには、自分の能力・適性を伸ばし、大いに努力していくことが大切です。しかし、どんなに能力があり、熱意があったとしても、間違った考え方で進んでいけば、自分の人生を素晴らしいものにすることはできません。

人間・人生・仕事・失敗・成功・逆境、ありとあらゆることに対して、どのような考えを持てば、人生において大きな成果を収め得るのかを学びます。

数多くの経営者の方から、直接に考え方を学ぶ機会もありますし、古今東西の偉人たちの考え方や成功哲学を学ぶ機会もあります。

私たちの仕事や人生は、「言葉と行動」によって形作られています。そして、一人ひとりの「言葉と行動」は、その人の「考え方」から生み出されるものです。「人から」そして、「本から」、また、「体験から」学んだことを言語化し、自分の考えを磨いていくことがいかに大切かを学びます。

⑦志を立てるための学び

二度とない人生をどのように生きるのか。この問いについて答えを出すことができるのは自分だけです。何のために生きるのか、何のために学ぶのかということを考え、自分の人生の志を立てるために必要なことを、バッカーズ寺子屋では学んでいきます。

現在、中学生・高校生は、偏差値によって何となく自分の進路を決めることが大多数になっていると感じます。また、大学生たちは何となく名の通った大企業への入社を希望しています。本当に自分と向き合い、自分が何をしてみたいのかをあまり考えないままに進路の選択をしてしまっているのです。その結果、高校・大学をすぐに辞めたり、会社をすぐに辞めたりという若者たちのことが少なからず報じられています。やはり、自分は、何のために学ぶのか、何のために働くのかということを、しっかり考えて進路選択をしていく必要があると思います。そうしない限り、ミスマッチを防ぐことはできません。

そのためには、自分と向き合い、自分の弱みや強みを理解し、自分が世界の中で何をしたいのかを考えることが大切です。また、経営者講話や古今東西の先人たちの生き様に触れながら、漠然とした「夢」を、確固たる信念を持って必ず実現したいと願う「志」に高めていく必要があります。バッカーズ寺子屋では、そうした教育を大切にしています。この「志の教育」については、第3章で改めて触れたいと思います。

以上、7項目にわたってバッカーズ寺子屋の教育について説明しましたが、この七つの柱については、後の章でも、更に塾生たちの言葉を通して、詳しくお伝えしていこうと思います。また、全体を流れている一つの考え方は、「子どもを子ども扱いしない」ということです。わかりやすいように、レベルを下げるということもしません。質問はいくらでも受けます。それも含め、自分からつかみ取りにいく姿勢、学び取る姿勢が求められるし、それが次第に身についていきます。

バッカーズ寺子屋を始める時には、「イマドキの子どもたちは集中力がないから持たないよ」と随分言われたものでしたが、そんなことは全くありませんでした。90分、１２０分の学びでも、しっかり集中を切らさず付いてきています。私自身も、これまで常識だと思っていたことが、やっていくうちに色々とくつがえされてきたことは、驚きでもあり、喜びでもありました。

この七つをどのように1年間で学んでいるかは、ホームページなどをご覧いただけたらと思いますが、具体的な活動としては、次のような柱があります。

1　入塾式

2　第1講座（オリエンテーション・合宿へ向けた事前学習）（志とは何か。話の聴き方。インプットとアウトプット）

3　第2講座・第1回合宿（山口県萩市で3泊4日。近代日本について、志について、釣り・バーベキュー、萩焼作り、グループプレゼンテーション、スピーチ、その他）

4　第3講座　感想レポートコンテスト（互いにレポートを読み合い評価）

5　第4～7講座　経営者講話、企業訪問、その他

6　第8講座　第1回スピーチコンテスト（テーマ「伝えたい感謝の言葉」）

7　第9講座　テーブルマナー（洋食を中心に）

8　第10～12講座　経営者講話、企業訪問（東京のクラスは第12講座は特別講話）

9　第13講座　第2回合宿（東京のクラスは島根県で1泊2日の合宿。足立美術館、古代出雲歴史博物館、出雲大社、小泉八雲記念館などを訪ね、日本の歴史・文化・芸術について学ぶ。九州のクラスは、東京で1泊2日の合宿。日本科学未来館、憲政記念館など、科学技術、政治、情報、交通など、日本の首都を体感する）

10　第14講座　硬筆書写コンテスト、箸使いコンテスト

11　第15～18講座　経営者講話・企業訪問

12　第19講座　第2回スピーチコンテスト（テーマ「日本の未来」）

13　第20講座　第3回合宿（山口県萩市・山口市、萩往還30キロメートルを1日で歩く2泊3日の研修）

14　ホームカミングデイ（卒塾生が一堂に会して、近況報告、著名人の講演会、懇親会）

15　第21～25講座　経営者講話・企業訪問

16　卒塾式

年間を通じて25講座（九州は24講座）、日数としては、32日～33日ほどの学びですが、この中に様々な学びが、ちりばめられています。

私の問題意識

ここで、私の教育への問題意識をお伝えしておきます。２０１９年に産経新聞コラムに寄稿した「解答乱麻」の記事で、コンパクトに書いたものがあるので、そちらを読んでいただこうと思います。

書いていることは、少し前の世代には当てはまっても、今は違うというご指摘もあるかもしれません。特に小学校までの教育はかなり変化していることを耳にします。しかし、教えている大人が子どもの頃に受けた教育の影響を簡単に抜け出すことは、なかなかできないと思います。私の関わっている小中学生も、この記事の内容に共感しますから大きく違ってはいないのでしょう。

また、最近の新入社員の傾向として、ここに書いた以外にも、「注意したら叱られたと傷ついて会社に来なくなった」「知らない人からの電話に出るのが怖いから会社の電話を取りたくない」「極度に失敗を恐れ、すぐに答えを教えてもらいたがる」「注意したら逆ギレされた」など、人としての打たれ弱さ、忍耐力のなさ、協調性のなさ、コミュニケーション能力の低さなどが目立ってきています。

「叱ってはいけない」「褒めて育てることが大事」などの言説が教育界に広まり、それがスマホの普及で個にこもる姿勢を作っていることとも相まって、前述した様々な問題を引き起こしているように思います。

そうした状況を踏まえつつ、読んでいただけたらと思います。

もの言わぬ日本人からの脱却を

国際社会の中で日本人の弱点や欠点とされていることがいくつかある。「会議では意見を言わない」「集団の陰に隠れて矢面に立たない」「自分は安全な位置にいて批判・評論だけする」「チャレンジ精神に乏しく消極的」「意思決定が遅い」などだ。こうした資質は先天的なものではなく、子供の頃に受けた教育の中で身に付く仕組みが（教師の意図とは別に）知らぬ間にできているのではないか。日本人の素晴らしい点はもちろんたくさんある。だが気づかぬうちに「弱み」が育成されぬよう留意したい。

弱みの一つに、自分の考えを持たず、発言したがらないことがある。学校での学びには公平な評価が必要だ。だからテストがあり学ぶことには正解がある。その当然の前提が「知らないこと=良くないこと」という意識をつくる。「そんなことも知らないの」とクラスメートや先生に笑われた経験は誰にでもあるだろう。その結果、「正しい答えは必ずあるものだ」「間違えたら無知をさらすことになり恥ずかしい」との意識が醸成され、先生からの指名という危険をできるだけ回避したい心の習慣ができる。教師が指名すると「なんで私?」という顔をしたり、咄嗟に自分の後ろを振り向いて、指名されたのは私ではなく後ろの人?というポーズをとるのは「指名されること=嫌なこと」という意識があるからだ。違う意見を言うと笑われる危険性があるので、「同じです」という答え方は、授業でも学級会でも安全な答え方としてよく使われる。答えが間違っていても、「みんなと同じ」である方が安全で心地よいのだ。

こうした経験を小中高と積み重ねた結果、大人たちは講演や研修の場では、できるだけ後方の席からしか座らないようになる。指名される危険を回避する最善の方法だ。後ろの席から高みの見物をする習慣は、「ものは言わぬが勝ち」「当事者にならず評論する方が賢明」という心の習慣を次第に育む。知らないことや問題が解けないことを恥ずかしがる一方で、「教えてもらっていないことはできなくて当然」「教えていない方が悪い」という思考回路も形成される。大人になってからの指示待ちの姿勢と失敗を恐れる姿勢につながり、企業研修での大きな課題となっている。

国内外の会議でもだんまりを決め込み、自分の意見を持たず付和雷同する人たちは、会議後、決定されたことへの批判を仲間内で活発に意見交換し、フラストレーションを解消する。決定されたプロジェクトが失敗しようものなら「だから言っただろう」と嘆いてみせる。これは子どもが何かにチャレンジし、失敗した時に見せる大人の姿とも重なる。正解を前提とする生き方は、後付けの理由をたくさん生み出し、チャレンジを避ける状況をも生み出す。

こうした学びと生き方に対するPassiveな姿勢を、如何にActiveなものに変革するかが、これからの教育の大きなテーマだ。集団の陰に隠れぬためには、「個の確立」が大切だ。それは、自分の考えと意志、判断力・決断力を持つことである。その土台として、勇気、公正、公平といったプリンシプルや教養を身に付けることが大切だ。そのためには「聴く・読む・書く・話す」の４つの基礎的学びの奥深さと重要性を熟知した教育実践が必要だ。

プリンシプルや志の大切さを伝えていく教育において大きな力になるのは、やはり親や教師の現実への取り組み方、生き方である。教育改革の成否は大人の自己錬磨と生き方とにかかっている。

（２０１９年３月６日　産経新聞 朝刊「解答乱麻」より）

こうした問題意識を土台として、私は、小中学生の皆さんとも、学生・社会人の皆さんとも、一緒に学んでいます。

その教育実践方法と考え方がどのようなものであり、それがどのような形で実を結んでいくのかを、子どもたちの言葉を借りて紐解いていきたいと思います。特に第4章では、私が塾長を務めているバッカーズ寺子屋・バッカーズ九州寺子屋の卒塾文集を題材に書き進めていきます。10歳から15歳の塾生たちが、1年間の学びを通して手に入れたことの中から、特に18項目にテーマを絞って書きました。

一つ一つの項目は、子どもだけでなく大人にとっても大切な意味を持つものだと思います。家庭教育・学校教育・企業教育、色々な教育の場面と結びつけてお読みいただけたら幸いです。

【第2章】今、求められる「学び方の変革」

アウトプットを前提としたインプット

第1章冒頭のレポートに見られるような子どもたちの「心の成長」はなぜ起こるのか。そのことについて第2章では触れていきたいと思います。

端的に言えば、「学び方を変える」という一言に尽きます。ここでいう学び方を変えるとは、グローバル対応力をつけるために英語教育を大事にするとか、IT教育をもっと進めるためにプログラミングを学ぶとか、ICT教育を進めていくということではありません。

ごくごく基本的な「聞く・読む・書く・話す」という四つの方法を変えるということです。バッカーズ寺子屋の塾生たちが、なぜ飛躍的な成長を遂げるのかと言えば、「志の教育」の大前提として、この基本中の基本である「聞く・読む・書く・話す」ことの精度を上げることの大切さを理解し、習慣化しているからです。それが「学び方を変える」ということです。

別の言い方をすれば、「アウトプットを前提にインプットする」ことを徹底して身につけるということです。「アウトプット」つまり、「書くこと」「話すこと」を前提として、「インプット」つまり、「聴くこと」「読むこと」に集中するのです。アウトプットすべきことは、知識ではなく、自分が感じたこと、気づいたこと、学んだこと（考えたこと）についてです。

私たちが学校で習った聞き方、つまり、インプットの方法は、「先生の顔を見て、手はお膝の上に置いて」というぐらいのものでした。先生の中には、メモなど取らなくていいから、先生の顔を見なさいという人も多かったように思います。その方が生徒が聞いている感じがして話しやすいのだと思います。

しかし、聞く側が、話の内容を踏まえて、自分の考えを文章に書いたり、話したりするためには、真剣に集中して聴くことは勿論、メモを取ることが不可欠です。なぜなら、余程、記憶力が良い人を除けば、話の中に出てきたデータ（数字）や固有名詞は、すぐに忘れてしまうので再現できないからです。データや固有名詞は、相手の話を正確に理解するために大切なものであり、自分の考えを具体的かつ正確に伝える上で、非常に大きな役割を果たすものでもあります。

また、自分の脳裏にふと浮かんだ気づきや疑問も、次の瞬間には消えてしまうことが多いものです。しかし、これを書き留めておけば、そこから考えを深めたり広げたりすることができるようになります。

不謹慎な言い方かもしれませんが、そもそも、学校の授業の大部分は、うわのそらで聞いていても、何とかなるものなのです。要するに、後で友だちに聞く、ノートを見せてもらう、塾の先生に教えてもらう、参考書を読む、などといったことで、カバーできることが多いものです。だから、あまり話に集中して聞いていなくても、とりあえず大きな問題は発生しません。このことが子どもたちに「聞き流す習慣」を作ってしまっているのではないかと思います。また、人数が多いということ自体が集中力を落とすのに作用します。これは集団教育の如何ともし難い課題です。

「何が大切なのか」という判断をする力も、主体的に聞く姿勢、学ぶ姿勢がなければ身につけにくいものですが、学校の授業で、先生が「ここは大事です」と仰る時は、ほぼ「テストに出るから大事です」と同じ意味でしかありません。しかし、社会に出て話を聞く時には、大事なところはどこか自分で判断しなければなりません。その上、その話は基本的に1回限りのものですから、聴いていなければ後々、自分が困ったり、大きな失敗につながったりもします。

バッカーズ寺子屋では、年に6人の経営者から話を聴く機会があります。塾生たちがこの経営者講話を聞く時には、40分間の講話があり、20分間の質疑応答の時間があります。講話の後には、A4で2枚以上のレポートを書かなければなりません。かなりの量のアウトプットが要求されます。だから、聞き流さずに、「考えながら聴く」というインプットの状態を作ることができていなければ、質問することも、感想を言うことも、レポートを書くこともできないのです。

日頃の講座でも、私の話が一段落したと同時に、間髪を入れず、次々にマイクが回ってきて、「君はどう思った?」「何か気づいたことはある?」「どう考えたら良い?」という問いに対して、塾生たちは反射的に答えていかなければなりません。常にアウトプットが要求されるのです。

入塾したての頃は、マイクを握ったまま固まって何も言えない状態の塾生がしばしば見られますが、しばらくたつと、全員がスムーズに意見を言えるようになります。

それは話すことが上手くなったというよりは、考えながら聴く「聴き方」が身についてきたということなのです。「聞く」ではなく「聴く」ということを理解し、何か必ずコメントを言うことを前提として「聴く」トレーニングをしていけば、自分の頭が回転し始めているのが実感できます。黒板を写し、知識の暗記や問題を解くのではなく、自分の考えを述べることで、脳も活性化されていくのだと思います。

そうした「聴き方」を、私は「攻撃的に聴く」という言葉で伝えています。「聴く」ことは受身ではないということを意識することが、学ぶ上ではとても大切なことだからです。

※「聞く」ことと、「聴く」ことについて

「聞く」は門構えに耳と書きます。耳だけで聞いている状態です。「聴く」という文字には、耳もあれば、目もあれば、心もあります。全身全霊で集中して聴いている状態です。

「話の聴き方」を変える

学び方を変えることを考えた時に、一番大切なのが、この「聴く」ということです。全ての情報を受け止める入り口に当たるところであり、ここが雑であれば、良いアウトプットなどできなくなってしまうからです。

バッカーズ寺子屋の第1講座で塾生に伝えている「話の聴き方」を以下に書いていきます。「なんだ。当たり前のことじゃないか」と思う人もいるかもしれません。しかし、「わかること」と「できること」は全く次元が違います。これを本当にできるようになる難しさと大切さをまずは理解して欲しいのです。そして、「聞く」から「聴く」に変えて欲しいと思います。

1．できるだけ話し手の目を見て聞く。

アイコンタクトは、コミュニケーションの基本中の基本です。あくまでも一対一の感覚で話を聞きましょう。よそ見などは論外です。それは確実に話し手の集中力を奪うことになります。

2. ほおづえをついたり、腕組みをしたりしない。

ノンバーバル（非言語的）・コミュニケーションは常に成立しているので、聴衆は、話し手に不快感を与えないよう注意することが大切です。ほおづえをついたり、腕組みをしたり、足を組んだりするポーズは、「あなたの話など聞きたくない」という失礼なメッセージとなります（自己防衛の意識である場合もあるのですが、「李下に冠を正さず」です）。また、それ以外の、ペンを回したり、紙の音をさせたりという動作も話し手の集中力を奪い、話し手に不快感を与えることにつながります。

※「バーバル・コミュニケーションとノンバーバル・コミュニケーション」
バーバル・コミュニケーションとは、「言語によるコミュニケーション」を言い、ノンバーバ

ル・コミュニケーションとは「声、表情、動作、服装などの非言語的コミュニケーション」のことを言います。コミュニケーションにおいては、ノンバーバルな部分も非常に重要な要素です。

3. 物音を立てない。

静かな会場での物音は、たとえ少しでも気になるもの。話し手へのマナーとして音に心を配る必要があります。また、それ以外にも、配られたプリントをめくって紙の音をさせたり、物を落として音を立てたりすることは、話し手の集中力を奪うことになります。

4. メモは必要に応じて取る。

日本では、頷きながらメモを取っていると、「良く聞いていますよ、いいお話ですね」という気持ちを伝えるサインになります。ただし、ずっとうつむいてメモを取り過ぎると、その人は、話を聞いていないと思われるか、別のことを考え書いていると思われるので注意して下さい。アイコンタクトをする時間を中心に手際よくメモを取っていくと、話し手と良いコミュニケーションが生まれます。

5．うなづいたり、笑ったり、話し手の心に沿った反応を心がける。

4．と関連したことですが、話し手を心地よくさせたがために聴衆が失うものは何もありません。それどころか、聴き手の良い反応は、話し手から熱意・感謝・笑顔・素直な心など、多くのものを引き出すことができます。その結果、自分自身が多くのものを手に入れることができるようになります。

6．質問や感想・意見を言えるように、意識を持って話を聞く。

話し終えた後、質疑応答の時間に流れる気まずい沈黙ほど、今までの話の全てをぶち壊すものはありません。仮に良い話であったとしても、みんなに「質問や感想が出ない程度の話でしかなかったのだ」という共通理解を作ることになります。聴衆の気持ちを代弁するような感想や質問をシンプルに述べられたら、その講演会全体を高める役割をあなたが担ったことになります。質問や感想を言うことで、あなたが話を聞き流していたのではなく、しっかり受け止めていたことが話し手には伝わるものです。勇気を持って、または、気軽に発言を楽しみましょう。また、そんな仲間に温かいエールを送りましょう。

この六つの「聴き方」は、入塾後、半年ほど経って塾生たちに定着していきます。それはなぜかというと、「話す」訓練を積み重ねていくからです。「話す」と言っても、これまで学校でよく経験してきたであろう、原稿を読んだり暗記したりして話すのではありません。自分自身が心から思っていることを紙を見ずに、聴き手の心に伝えていくスピーチをするのです。

その訓練として、毎回の講座での発言、合宿最終日の解散式でのスピーチ、スピーチコンテストでの3分間スピーチ、様々な場面で自分が感じたこと、気づいたこと、学んだことを話してもらうのですが、その際、いつも要求していることは、「大人が喜びそうな、いわゆる良いことを話さなくて良い。自分の思いを自分の言葉で率直に語って欲しい」ということです。

話す際の心の持ち方は非常に大切です。自分をよく見せようとして話すのでも、受けを狙って話すのでも、みんなの顔色を窺って話すのでもなく、自分が本当に感じたことや心から伝えたいと思うことを素直に話せるようになることが大切です。そのことが人格形成につながるからです。

また、教室の雰囲気作りも大切で、お互いが全員の話に心から耳を傾け、その人の意見を理解しよう、そして、自分も意見を言おうという空気を作ることが大切です。日本の学校にありがちなネガティブな同調圧力を生み出さない空気を作ることが、話すことへの抵抗感を減らします。

そうしたトレーニングを重ね、場数を踏んでいくと、聴衆の目を見て、聴いて下さっている人たちの心に思いを伝えようという姿勢がどんどん身についていきます。

そして、聴いて下さっている方の「聴き方」が、どれほど話し手に大きな影響を与えるかということに気づいていきます。それに気づいて初めて、自分が聴き手に回った時には、真剣に聴こうと心から思えるようになっていくのです。

いくら口を酸っぱくして「ちゃんと聞きなさい！」と言ったところで、「ちゃんと聞く」ことが何をすることかがわかっていなければ、どうしたら良いのかわかりません。また、「ちゃんと聴かないこと」が、話し手に何を引き起こしているのかを知ることも大切なことです。だから、この話の聴き方6箇条が大きな意味を持つのです。

また、聞く側に常にいて、聴くことを磨こうと思ってもそれはできません。話す側に立ってみて初めて、聴くことの大切さが身にしみてわかります。つまり、「話すこと」と「聴くこと」が表裏一体のものであることを知って、初めて、聴くことの本質がわかるのです。

更に「聴く」ことには、もっと深い意義があります。かつて東井義雄という教育者は、次のように「聞く」ことについて語っています（東井先生は「聞く」という文字を使われていますが、意味は「聴く」だと感じます）。聴くことの意義の真髄を突いた言葉だと思いますので、紹介します。

1　「聞く」は話すよりも消極的なことのように考えられがちだが、これくらい積極的な、全身、全霊をかけなければできないことはない。

2　「学問」というようなことだって、「真理」の声を、全身全霊をかけて「聞く」こと以外にないと思う。

3　聞くことは吸収すること、伸びること、新しい世界に生まれること。

4　聞くということは、相手の存在を大事にすること。聞くということは、相手を理解すること。

（『東井義雄　一日一言』致知出版社）

いかがでしょうか。これほどまでに聴くことの意味は深く、大切なのです。本当に「聴く」にはものすごい集中力が必要です。まさに「全身全霊をかけて」聴くのですから、最初はバッカーズ寺子屋の塾生たちもかなり疲れてしまいます。しかし、高いレベルで聴くことを繰り返している中に、それが身についていき、毎回の講座での吸収力が上がって、大きく成長していくようになります。話の聴き方を変えるだけで、人生は大きく変わっていくのです。

こうした「話の聞き方を変える」という学びについて、バッカーズ九州寺子屋の卒塾生は、次のように受け止めています。

「バッカーズ九州寺子屋でのはじめの講座では、志の立て方や話の聴き方、今の日本の課題というのを教えていただいたのを覚えている。中でも話の聴き方については衝撃的だった。「話とは要するにキャッチボールなんですよ」塾長の忘れられない言葉の一つだ。

今までの話の聞き方は全て受け身で、それでは話し手から引き出したい内容の半分ほどしか受け取ることができない。「聴く・読む」のインプットから、「話す・書く」のアウトプットへと自分のものにしていくためには、その過程に「なぜ？」と自分の中で考えることがとても大切。つまり攻撃的に聴くということだった。

この教えは、バッカーズ寺子屋の活動の中では軸となるようなものでもあり、自分の生活態度が変わるきっかけになるものでもある。小学生の頃から自然と慣れてしまっていた完全受身の姿勢を否定され、説かれた時のショックは大きかった。

しかし、本当にそれが物事を見る目を変える要因だったのは事実で、今ではこの姿勢が身についていると思う。」（中３・男子）

「私はバッカーズで学んだ、〝アウトプットを前提にしたインプット〟を常に意識するようになりました。いきなり先生に指名されても、ちゃんと話を組み立てて意見を言えるようになりました。だからいつ指名されても大丈夫！と自信たっぷりで人の話を聴けるようになりました。

人の話を受身で聴くのではなく、攻撃的に聴けるようになったので、人の話や学校の授業で「なぜ？」と疑問に思うことが増えました。今までは、「授業を受ける」「講義を受ける」という「受身」でしたが、それだと自分に感情がなくなっていたことに気づきました。一時間椅子に座っていても何の進歩もありません。

今まではただ、だらだらと流れていっていた情報が、今では言葉の一つ一つが私の力になっていると感じます。「発表ができる」は「発表を聴ける」と同時に成長していくのだと、おもしろく体験できました。

バッカーズ寺子屋での出来事は、私の特別な一年となりました。この経験が私を大きく変えました。これから色々なことにチャレンジしていきます。」（小６・女子）

聴くことの奥深さを少しは感じ取っていただけたでしょうか。聴くことは成長への第一歩です。聴いていなければ、吸収することも、成長することも、新しい世界に生まれ変わることもないのです。そして、相手を大切にすることも、相手を理解することもできないのです。

バッカーズ寺子屋の塾生たちは人間的に成長していきます。また、学校の成績などは一切見ていませんが、成績が上がったという声をよく耳にします。授業の聞き方も大きく変わるのですから、そうしたことも起きてくるのだろうと思います。

あと二人、「聴く」ことについて書いてある塾生のレポートを紹介します。ここまで読んで下さっても、おそらく「聞く」なんて別にそんな大したことじゃないだろうという思い込みは、そう簡単には消えないと思うからです。しかし、その問題の大きさに気づいていただくことが、本当にこれからの教育にとって大切なことだと私は思っています。

「私がこの一年間で一番成長できたと思うのは「攻撃的に聴く」ということです。バッカーズでは経営者講話があり、それと同時に話の聞き方も学びました。このおかげで学校の授業の受け方も変わりました。

今までは授業や講話の時、前に座るとあてられるのでできるだけ後ろに座りたいと思っていました。でも「攻撃的に聴く」ということを学んでから、できるだけ前に座れるように努力するようになりました。私のクラスでは教室の座席で前がいい人は一番前に座れるという制度があります。その時に絶対前に座るようになりました。

また、一番前で話を聞くほうが理解度が高いということにも気がつきました。これに気づけたことは私にとって本当に大きなことだと思います。

バッカーズで「攻撃的に聴く」とは、質問を考えながら聞くということでもあります。経営者講話では話を聞いた後に質問をする時間がありました。そのおかげで話を聞くインプットだけでなく、質問をするアウトプットもできるようになりました。質問をすることでより多くのことを吸収できると思います。

このように話を聞くということは受け身ではなく、自分から積極的に聞くということだと分かりました。印象的だったのは、「話を聞くことは話すことよりも体力がいることだ」という言葉です。それまで完全に受け身だった話の聞き方が一気にくつがえりました。話を聞くのに体力なんていらないと思っていたけどそれは違って、話すことよりも大変なことなのだと分かりました。

このことを知ったあと、実際に攻撃的に聴いてみました。するとすごく疲れてこんなにも体力がいることなのだと思いました。本当に話を聞くというのはこういうこと

なのだなと思いました。」（中３・女子）

全身全霊をかけて聴くのですから、当然、ものすごい集中力と体力が必要です。それを本当に身につけてくれたからこそ、「話を聞くことは話すことよりも体力がいることだ」という言葉が出てきたのだと思います。

更に嬉しいのは、その力を他でも使うことができるようになっているところです。その力は、学校での授業を聴く姿勢も変え、受身の態度をやめ、積極的に考えながら聴いているからこそ、理解度が増し、質問もすぐに思い浮かぶことを彼女は実感しています。

何より、学びにおいて、自分からつかみ取りにいく姿勢を身につけたことは、これからの人生で彼女を大きく成長させ続けていく原動力になると思います。大変なこの「聴き方」ですが、鍛えていけば、そのレベルはどんどん上がっていきます。

その結果、同じ時間、同じ話を聴いても、手に入れるものは全く違ってくるし、更に質問をして、多くのものを手に入れることもできるようになるのです。

「私はバッカーズ寺子屋に入塾した一年前は中学三年生だった。正直、中学三年生にもなったら自我が確立され、ある程度現実を知っている。自分は社会の厳しさを知っている、もうほとんど大人と対等の立場にあると自負していた。

しかし、バッカーズ寺子屋に入り、改めて自分が浅はかでまだまだ夢見がちであったこと、自分に甘すぎることを自覚した。

それは例えば「アウトプット・インプット」のことである。私はあの講座のとき、「見る、聞くなんて、何故今さら小学一年生で習うようなことを中学三年生にもなってやらなければいけないんだ」などと思っていた。しかし、その考え方が間違っていたことを思い知らされた。

「聴く」ということは小学校で習ったような「背筋を伸ばす」「手を膝の上に置く」「先生の目を見る」といった当たり前のことだけではなく、「相手が何を話しているのか理解する」「自分の記憶に焼き付ける」「他人に教えられるくらいになる」ということであった。

つまり私は今までよりも高度なことを要求されていて、自分は浅はかであったのだということを思い知らされた。

また「話す」についても同じである。スピーチコンテストでは、原稿を持たず、丸暗記もせずに大勢の保護者の前で「風潮」について話した。練習では緊張せずにうまくいき、友人にも高く評価され本番はどうにかなるだろうと調子に乗っていた。しかし、いざ本番となると緊張して頭の中が真っ白になってしまい、話す順序もバラバラで、伝えたいことの半分も話せなかった。社会人になったらプレゼンも多くあり、皆が同じようなことをやっていると思うと、私には到底真似できないと思った。私はまだまだ社会のことはほとんど知らず、夢見がちであるということを、卒塾する今現在自覚した。」（中３・女子）

「聴く・読む・書く・話す」という四つの領域は基本でありつつ、大人になっても使い続けていくものです。その精度をどこまで上げていくことができるかによって、日々の学びや仕事の中で吸収できることの量も質も変わっていきます。子どもたちが、「やっているつもり」「できているつもり」になってしまえば、吸収し成長する幅は、どうしても小さくなってしまいます。

「つもり」でない、本当の意味での「気づき」を促すためには、やはり、指導者の「聴く・読む・書く・話す」ということに対する姿勢と考え方が常に問われるのだと思います。

「書くこと」の意味を知る

バッカーズ寺子屋では講座の後にレポートを書くことを大事にしています。最初はA4のレポート用紙2枚程度だったのですが、現在は、経営者講話や企業訪問について2枚以上、その他の内容について1枚以上にしています。合計3枚以上です。猛者は全部で7枚以上書いてきたりもします。なぜ、そこまでするようになったのか、そして、塾生たちはなぜそれについてくることができるのかについてお伝えします。

学校で読書感想文や行事の後の感想文を書くことは苦痛でしかなかったという人が多いと思います。それは単に先生が書かせるだけという状態に陥ってしまうからです。そうならないための方法は二つあります。

一つ目は、書いてくれたレポートに必ず反応することです。反応の仕方には色々な方法があります。バッカーズ寺子屋ではレポートを細かく添削することはしていませんが、レポートは必ず支援して下さっている経営者の皆様にお届けします。そして、そのことは塾生たちにも伝えています。社長さんたちの目に触れるのですから、塾生たちも真剣にならざるを得ません。また、塾生のレポートは私も全て読み込んで、全員のレポートが掲載されるようにその一部を抜粋して、ニュースレターを作成します。これは年に3回発行します。ここでも自分の言葉がみんなの目に触れることを自覚します。更には、卒塾時には、3000字（原稿用紙7・5枚）程度で書いてもらう「卒塾文集」を作ります。また、卒塾後にも、卒塾生の近況報告誌である「絆」という冊子を作ります。

このように書いたものは全て読まれ、塾生たちに還元され、お互いの言葉と考えに触れて学び合い、高め合っていく題材になります。自分の書いたレポートがしっかりと受け止められ、みんなに共有されているとわかっていることがとても大切なことだと思います。

その逆に、「せっかく書いたのに先生は読んでくれているのだろうか？」という気持ちが積み重なっていけば、次第に書く意欲は失われていきます。だから、私はバッカーズ寺子屋以外の場所でも応答することを大切にします。例えば、専門学校で行っている8回の集中講座では、私は毎回のレポートにコメントを書いて、次の講座の時に返却するようにしています。書いてもらう以上、真剣に受け止め、真摯にお返ししていく、それが学生たちの書く意欲につながるのだと思います。きちんと受け止め、アドバイスをしていくという当たり前のことですが、この当たり前の経験を中学・高校ではしてこなかった学生が多いのです。「どうせ先生は忙しくて読みもしないくせに書かせるのか」そんな思いが、いい加減にしか書かない習慣を作っていくのだと思います。もちろんこれは、1クラス30名ほどだからできることです。１００人を超えると申し訳ないけれどさすがに私も難しくなります。しかし、それでもその気持ちだけは忘れないようにしたいと思います。

二つ目に大切なことは、「書くことの意義」を理解してもらうことです。一つ目はどちらかと言えば、教師目線の話ですから、この本の読者の皆さんには、この二つ目を是非、自分のものにしていただきたいと思います。

私たちは、学校で「書きなさい」と言われることや、「書き方」を教えてもらうことはあっても、「書くことの意義」について教えてもらった経験はあまりないと思います。私もそうでしたし、入塾前のバッカーズ寺子屋の塾生たちもそうです。人間は意味のわからないことには真剣に取り組めないものです。だから真剣に書いてもらうためには、その意味を伝えなければなりません。

このことについても「聞く」ことと同様、東井義雄先生が核心を突いた言葉を遺されていますので紹介します。

1　私たちは、その時その時いろいろなことを学んでいる。それを書いてみると、いかに無整理、無秩序にものごとを学んでいるかということがわかる。だから、書くということは、自分を整理することである。

2　書くということは、モヤモヤしたものに形を与えることである。したがって、不確かなものを確かなものにしていくことである。

3　書くということは、経験が整理されることである。したがって、経験が生きたものになり、意味を持ったものになる。

4　書くということは、考えるということである。したがって、自分の考えを築き上げていくことである。そして、書いている中に、その考え不足や未成熟の考えが成熟してくる。書きながら考え、考えを深め、高め、はばのある確かなものに育てあげることができる。

5　書くということは、自分を客観化することである。したがって、自分を、自分にも人にも見えるようにしていくことである。

6　書くということは、そのままでは消えていってしまう「感じ」や「思い」「考え」「行動」を、ひとつひとつ呼び止め、形を与え、いたわってやる仕事だ。感じっぱなし、やりっぱなしにして逃げてしまわないで、呼びとめ、形を与え、いたわってやることだ。

7　書くということは、自分を責めていくことだからつらいのはあたりまえ。

8　書くということは、また、整理し、あいまいなことは確かめ、順序の乱れているものには順序を与え、それを自己統制していく仕事でもある。だから「書く」作業をとり入れると、子どもがしゃんとしてくる。

（『東井義雄　一日一言』致知出版社）

いかがでしょうか。「書くことはつらいこと」、これは皆さん同様、私もいつも感じることです。書いていると、なかなか良い言葉が見つからないし、「私は何を言いたいのだろうか？」「そもそも伝えたいことはあるのか？」「相手の言ったことを十分理解していたのか？」、こうした問いが次々と心の中に浮かんできます。自分と向き合うことが求められ、自分の思考の浅さ、見識のなさ、語彙の少なさが自分に突きつけられます。もどかしさを感じ、これまでの自分の生き方の甘さを認めざるを得ないような情けない気持ちなども次々に沸き起こってきます。だから、つらいのが当たり前なのです。真剣に書こうとすればするほど、そのつらさから逃げ出したくなります。

しかし、「書く」ことに正面から向き合い、つらさを乗り越えて、言葉を選び、自分の言葉を紡ぎ出せるようになれば、その過程においてものすごく人間として鍛えられることになります。思考力も鍛えられますし、感受性も鍛えられていきます。だから「自分の考えを築き上げていく」ことができ、人間が「しゃんと」してくるのです。

また、「5　書くということは、自分を客観化することである。したがって、自分を、自分にも人にも見えるようにしていくことである」という言葉は、今、流行の「メタ認知」と同じことを言っているものです。「メタ認知」とは、自分が認知していることを客観的に把握し、制御すること、つまり「認知していることを認知する」ことです。この力が最近脚光を浴びている理由は、自分自身の言動を客観的に見られるようになることで、高い目標の設定やそれを達成する力、問題解決能力などを引き上げることができるからです。ビジネススキルとして、人材育成の観点で注目を集めているのですが、「メタ認知」などわざわざ言わずとも、東井義雄先生はそのことの大切さをとっくに指摘していたし、それが書くことによって具体化されることもわかっていたのです。

学校の勉強では、書くことよりも、マークシートや選択肢で答えることが多くなっています（採点の効率を考えれば、それはとても良い方法です）。記述問題にしても、筆者の意図や出題者の意図を正確に読み解く力を問うもので、自分の考えを書くものではありません。また、感想文を書くことについては、いやいや書かされていたり、大人が喜びそうな「いわゆる良いこと」を書くことに腐心したりで、本当に自分と向き合い、自分の考えを深めていく機会にはあまりなっていないようです。これでは人は思考を深められないし、人間としての成長も限られてきます。

最初は下手でも良いから、とにかく沢山書くことです。自分をよく見せようと言葉を飾るのではなく、自分が感じたこと、気づいたこと、学んだこと（考えたこと）を素直に書いていくと良いのです。そうしているうちに、少しずつ、書けるようになっていきます。量から質が生まれます。だから沢山書くことが大切なのです。

そして、書けるようになるためには、「書く」ことを前提として「攻撃的に聴くこと」、つまり、考えながら聴くことが何よりも大切です。

小中学生である塾生たちの多くが、入塾時には、書くことは苦手だと言います。また、私が講座を担当する専門学校生たちも、新入社員たちも、書くことは苦手だと言います。

学校教育の結果、子どもたちも大人たちも書くことが嫌いになっているのが、日本の学校教育の現実です。

また、書くことについて、多くの子どもたちや学生たちは、「自分には書く力がない」と思い込んでいます。しかし、そうではありません。「聴く力」がないのです。バッカーズ寺子屋では、本当の意味で聴くことを知り、レポートを沢山書いていく中に、どんどん書く力がついていることをみんなは自覚していきます。そして、書くことが得意になっていきます。

ある塾生は、学校での感想文の時間に短時間で書き上げて暇そうにしていると、先生に「ちゃんと書きなさい！」と注意されたそうです。「もう書き上げました」と言うと、「どうせいい加減な内容だろう」と思われたのか、手に取って、読まれたそうです。しかし、量・質ともにしっかりしたものだったので、先生も驚かれたそうです。

それは、「聴く」ことを変え、アウトプットを前提としたインプットができるようになれば、誰にでも可能なことです。

最後に、手帳や日記を書くことの大切さについて一言触れておきたいと思います。バッカーズ寺子屋でやっているように「講座のメモを的確に取る」ことや、「講座毎にレポートを書く」ということも大切ですが、日々、自分の行動を振り返り、反省し、自分の将来を考え、思いを強くするために手帳や日記を書き続けることも大切です。書くことによって初めて自分の内面を深く見つめ直すことができるし、心を鍛えることができるからです。それも含めて書くことの意義なのです。

そして、私的な日記であっても、常に誰に読まれても良いような内容を書ける境地にまでたどり着ければ、自分自身の心の持ち方や生き方は裏表のない素晴らしいものになっていると思います。心に曇りのない、陰のない、そんな人格者になるためにも、書くことは大切なのだと断言できます。なぜなら、私の尊敬する経営者の皆さんは、それをやり続けている人たちだからです。

このように「書くこと」について学んだ、バッカーズ寺子屋の卒塾生は、「書くこと」を次のように受け止めています。

「アウトプットのためのインプットということを繰り返し学んできました。このことを詳しく言うと、「レポートやスピーチ」（アウトプット）をきちんとできるようにメモを取る（インプット）ということです。これはバッカーズでの初めての講座で木村塾長から学んだことです。しかし、インプットするためには、どのようなことをメモして良いかわからず、ホワイトボードの文字を写すだけになってしまいました。だからレポートには、習ったことしか書けず、「感じたこと、気づいたこと、学んだこと」という「自分の思い」をうまくアウトプットすることができませんでした。しかし、何回もこのことを考えている中に、ある考えが浮かびました。それはメモを取る時に、習ったことと一緒に、その時に自分が気づいたこと、感じたことを書くということです。これを初めて実践したのは、第六講座の経営者講話でした。そのレポート作成の時は、ノートを見直すと、習ったことと、そのことに関してその時に感じたこと、気づいたこと、そして、学んだことをきっちり書けたので、その時の自分の考えが思い出しやすくて、良いレポート作成（アウトプット）ができたのではないかと思いました。だから、「アウトプットのためのインプット」は、バッカーズでの一番の学びでした。」（中1・男子）

「バッカーズの名物と言っても過言ではないレポートについて。贔屓目に見ても長文を書くことに強くなりました。学校でもこのレポートの経験は役に立ちました。あるとき宗教の授業で、「この本を読んで原稿用紙四枚に感想文を書きなさい」という課題が出ました。締切はおよそ一カ月後です。クラスの皆は大騒ぎして嘆いていました。僕は楽勝だと思いました。なにせ、「今回の講座についてのレポートを原稿用紙約六枚にまとめなさい」という課題を締切は二日後という環境下で月に二回こなしてきたのですから。僕が素敵だと思ったのは、レポートは「下手でも良いから書いてみる」という塾長の言葉です。その言葉のおかげで、僕はこの一年間レポートに挑戦し続けることができました。僕はこの「失敗しても良いから挑戦する」という環境がとても好きでした。これからは特に大学に入ってからはこのレポートの経験がますます役に立つと思います。」（中１・男子）

書くことについて、ある塾生は次のように表現しています。本当に、成長していく、その変化の様子がよく伝わってくる文章だと感じます。

「バッカーズ九州寺子屋では、講座中にいつもマイクが回ってきて、講座後には二枚のレポートがあります。

私は入塾したての頃、この二つが本当に嫌いでした。だから、いつもどうしようかと思いながら講座を受け、二枚のレポートを書くのに二時間近くかかっていました。

その時、私はこの原因は自分には「書く力」や「話す力」がないからだと思っていましたが、講座を受けていくうちに自分の考えが間違っていたのだと気づかされました。

講座中に塾長に、「攻撃的に聴く」ということを何度も言われたのですが、最初は言っている意味が分かりませんでした。

しかし、マイクとレポートは毎講座のルーティンなので、次第に、話を聞いているときに何を話そう、何を書こうと考えるようになりました。

するとマイクが回ってきてもすらすら答えられるようになり、レポートも今では一時間もかかりません。これが攻撃的に聴くということなのか!と実感し、結果的に、自分は「聴く力」が足りていなかったのだと気づくことができました。

今では毎講座で「今日は何を書こう」「何を言おう」と、一種の楽しみになっています。

また、学校などで先生のお話を聞くとき、別に当てられるわけでも感想を書くわけでもないのに、今当てられたら何を言おうかなと頭の片隅で考えている自分がいます。

しかし、そのほうが頭に入りやすいのではないかと気づきました。このアウトプットを前提としたインプットは、自分の意見を表現するときだけでなく、普段から頭の中を整理するときにも使え、これからたくさん活用できる大切な力になると思います。だから、このバッカーズで身に付けることができて良かったです。」（中2・女子）

私が改めて余計な説明をする必要がないくらい、「聴くこと」「書くこと」「話すこと」の重要性とその関係を説明してくれています。

もう一人のレポートです。


「書く力の大切さは、毎回の講座でのレポートなどで身につきました。僕は、正直に言ってレポートがあまり得意ではありませんでした。

しかし、何回もレポートを書き続けていくと、段々と、よりスピーディーに、またより的確なことが書けるようになりました。

塾長が何度も「質は量から生まれる」と言っていたけれども、このことなのかなと思いました（これも経験）。

今ではどこでもいつでも「書いて」と言われたときに書けるようになりました。また、書きたいときに書けるだけでなく、自分の考えを上手にまとめられるようになりました。

これは、スピーチをするうえでとても役に立っています。このようなことを、できるようになったのも、全てバッカーズのおかげです。本当にありがとうございました。」（小６・男子）

あと一つだけ、ここでお伝えしたいことは、「指導者が書くことを鍛練していなければ、書くことの大切さは教えられない」ということです。

私はかつて高校の国語教師でした。教師の中でも、また、社会人の中でも、一番文章を書くことに慣れていそうな立場ですが、自分の考えをまとまった量の文章にして発信する経験はほとんどありませんでした。実は、ここに、大きな問題があるのです。

私も新聞のコラムや月刊誌での執筆を経験しなければ、書くことがどれだけ自分の思考を整理し、意志を強くするかということには、おそらく本当の意味では気づけませんでした。また、ノートを毎年何冊も書いて、それが膨大な数になって、自分の考えを整理している経営者の姿を間近に見なければ気づけなかったことです。

つまり、「書くこと」を教える側の多くは、自らが「書くこと」を余り経験していないがために、「書くことの意義」を本当の意味で理解していないのです。だから、多くの「書く」指導はあまり意味のない無駄なことになってしまいますし、「書く」指導そのものが敬遠されることにもなっていくのだと思います。

レポート、日記、ブログ、何でもかまいませんから、実際に文章を書くことが大切だと思います（ただし、ツイッターでは短すぎると思います）。

「書く力」の大切さについて理解し、それを子どもたちに指導するためには、まずは指導者自身が書いてみることが必要です。

「読み方」を変える

　次に、読み方を変えていくことの大切さについて触れてみたいと思います。学校の国語の授業では「読解」が授業やテストの中心に置かれています。中でも、評論は小論文にもつながっていくということで、重視される傾向にあります。高校の国語は、評論・小説・随筆・詩・短歌・俳句といったジャンルに分かれていて、評論は正確に作者の主張を読み取ることが重んじられ、文学的文章や言葉の芸術については鑑賞が重んじられているという感じです。センター試験も、国語は２００点満点で、そのうち現代文が１００点（評論50点、小説50点）、古典が１００点（古文50点、漢文50点）という内訳になっていました。学校の授業でも点数を取るために読解力を身につけるという感じになりますから、余程の本好きでなければ、国語の授業は退屈なものになってしまいます。

　また、国語の先生も本当に作品を読みこなせていないまま、指導書を頼りに授業を進めることも多いので、余計つまらなさを感じることにもなります。私も高校の国語教師でしたが、今振り返ると、読みこなせていなかったと思います。本当に読みこなせるようになったのは、新聞のエッセイや様々な原稿を自分が書くことができるようになってからです。実は、読解と記述、つまり読むことと書くことは、表裏一体のものです。だから、文章を書いていない国語の教師には、いくら指導書を頼りに作品を読み込んでみても本当の意味で読解がわかってはいなかったのです。少なくとも私はそうでした。

また、教科書に収録されている作品を書いている人は、錚々たる作家や大学教授などですから、その権威にどうしても気圧されてしまいます。私も自分の本を出してから、その呪縛から多少解き放たれ、「何だ、この文章はただの読みにくい悪文じゃないか」と思えるようになった経験があります。受験での国語は正解がある勉強ですから、こう読まねばならない、こう読めないのは理解力が足りないからだと思い込んでしまっていたのです。

残念ながら、多くの場合、学校教育の中で「読む」ということは、出題者の意図を読み解くというテスト勉強のためのものであって、本当の意味で読むこと、つまり、筆者の伝えたいことを深く理解することになっていない気がします。

本来、文章を読むことにそうした区別はないはずですが、どうしても試験という枠に閉じ込められたものになっているように感じます。だから、とにかくたくさん文章を読んで欲しいのです。様々なジャンルの本、新聞、雑誌、何でも良いから、興味のある分野について書いてあるものに、とことん触れてみよう、読んでみようと思うことが大切です。マンガも素晴らしい作品は、時代考証や人物設定など、ものすごく緻密に考えて描かれています。ストーリーも読者を惹きつけて飽きさせることなく、登場人物の心理描写も的確で、台詞も心に響く名作がたくさんありますから、是非、読んでみて欲しいと思います。

そうして少しずつ読んでいる中に、自分の問題意識が確立されていけば、今度はそれに関連した本を次々にたぐり寄せるように読み始めることができます。

本は一人の人間の体験や思想を表現したものですから、「この人は何を言いたいんだろう」という意識を持って読むことが大切だと思います。また、読書は一生やり続けるべきことですから、特に、10歳から15歳ぐらいの時には、大いに読書を「楽しんで」欲しいと思います。何を読んだらいいかわからないという声もよく耳にしますが、その場合には、やはり本屋さんに行って様々な本を手に取って立ち読みし、自分の興味のある分野に出会うことが大切だと思います。無理矢理出会わされても、本が嫌いになるだけですから、自分から出会いに行く気持ちが大切です。

出会う前から先入観を持って出会いの数を減らしていけば、その本を好きか嫌いかもわかりませんし、興味があるかないかもわからないままになってしまいます。食べ物も同じです。食べてみなければ好きか嫌いかはわからないものなのです。人との出会いだってそうです。だからとにかく楽しく本と出会う機会を沢山作って下さい。

今は、ゲームなど刺激の強い時間の過ごし方ができます。また、SNSという人とのつながりの中に常に身を置く時間の過ごし方もできます。いずれにしても、それなりに楽しく、寂しくない時間の過ごし方です。

しかし、それは自分と深く向き合う時間ではありません。人との関わりも、人としての深みがあって初めて豊かなものになっていきます。読書は自分一人でやるしかないものです。読書を通じて、自分と向き合い、自分の心を広く深いものにしていけたら、それは生涯を通じての大きな財産になります。

「読み方」を変えるということの意味は、受験のために、問題を解くために読むという意識ではなく、知的楽しさや真善美を求めて読むということです。そのためには、「書く」ことが大切になります。「書くこと」は「考えること」ですから、読むことで様々な人の考え方を吸収し、それを取捨選択し、自分の考えを書いていくことで、自分独自の考えが一歩一歩確立されていくということだと思います。

今、多くの子どもたちが、「読む」ではなく、活字を「眺める」という状態になっていると感じます。不注意で、正確な意味がつかめていないのは、丹念に言葉を拾い、考えて読んでいないからだと思います。また、話を「聴く」ことも、「聞き流す」という状態になっていると感じます。

私は、「聴く」「読む」というインプットの質を上げていくことで、子どもも大人も大きく伸びていくことを実感してきました。是非、読みに対する意識を変えていただけたらと思います。

「読むこと」の意義を知る

本を中心として、読むことの意義は人それぞれですが、私が大切だと思うのは、次の六つです。1、生き方のモデルに触れること。2、自分の考えを確立すること。3、人間の心を理解すること。4、知識を身につけること。5、教養を身につけること。6、未来を考える力を養うこと。

このことをお伝えする前に、言葉の大切さについて触れておきたいと思います。人間の評価は、その人の「言葉と行動」で決まります。意地悪だったり、冷淡だったり、利己的であったり、反対に、思いやり深く、みんなのことを考えている人格者だと受け止められたりという評価は、様々な場面で、その人がどんな言葉を発し、どんな行動を取ったかによって決まります。つまり、人格とは言葉と行動によって表現されるものなのです。そして、その言葉は、その人の「考え方」から生み出されるものです。何を大切だと考えるのか。何が人として正しいと考えるのか。その考え方によって、発せられる言葉や行動は全く違うものになっていきます。私たち人間は、「言葉」によって「考える」生き物です。だから、言葉の力を高めていくことが、人間性を磨いていくことにつながっているのです。

言葉を得る方法は三つあります。まず、一つ目は、人から得ることです。家族であれば、両親、祖父母、兄弟姉妹。学校であれば、先生や同級生、先輩、後輩。会社であれば、職場の上司や同僚や先輩、取引先。色々な人たちから言葉をいただくことで、私たちは自分の考え方を磨いていくことができます。叱られたり、褒められたり、慰められたり、励まされたり、様々な場面で、色々な言葉をいただくことで、私たちの心は成長していくことができるのです。

次に、二つ目は、本を読むことです。過去に亡くなった素晴らしい人たちとは直接言葉を交わすことはできません。しかし、その人が書いた本を手に取り、ページを開けば何時だって語りかけてくれます。また、そうした人の生き方を描いた「伝記」も私たちを勇気づけてくれます。先人たちが残してくれた素晴らしい言葉である「名言・格言」には真理を突いた深いメッセージがたくさんありますし、先人たちがどのように判断し行動したかというエピソードは、勇気や叡智を与えてくれます。様々な本の言葉たちが、私たちの考え方を磨いてくれるのです。

また、新聞を読むことも大切で、新聞を読めば国内に居ながらにしてある程度は、今の時代に諸外国で起きていることは何かを知ることができます。勿論、国内で問題になっていることは何かを知ることもできます（その際、メディアの情報をうのみにしないことも大切です）。

つまり、本を読めば、時間（歴史）を超越して学ぶことができるし、新聞を読めば空間（地理）を超越して（主として今の）情報に触れることができます。歴史上の最高の叡智に学び、洋の東西を問わず今を生きる最高の知性に学ぶことができるのです。また、有意義な情報を手に入れることもできます。

三つ目は、体験を言語化するということですが、これは、後に回し、読書の意義について触れておきたいと思います。

本を読むことの意義は大きく分けて六つあると私は思います。どれも大切な六つの事柄です。学校の勉強だけでなく、是非、広い「本の世界」に触れて欲しいと思います。

1、「生き方のモデルに触れる」

これは主として「伝記」を読むことで手に入れることができます。私はどのような生き方をしたいのか。どんな人生を送りたいのかを考える時に、先人たちの様々な生き様は、大きな刺激になるし、また、自分のモデルにもなってくれるものです。時代が異なっても、立場が違っても、人間としての普遍の真理をその生き様から学ぶこともできますし、現在、そして、未来をどう生きるかのヒントをも与えてくれます。

2、「自分の考えを確立する」

私たちは無から有を生み出すことはなかなか困難です。自分の新しいオリジナルのアイデアや考えだと思ったことも、そのほとんどは、とうの昔に先人たちが考えていることが多いものです。先人たちの考えに触れ、共感できる考え方については、自分の考えを補強していくことにつなげることができます。その逆に、異論や反対の立場の考えに触れることも大切で、自分の考えの至らなさや、違う視点があることを気づかせてくれます。そうして多くの人の考えに触れることで、少しずつ自分の考えが鍛えられ確立されていくのです。

3、「人間の心を理解する」

小説や詩・短歌・俳句を読むことで、人は人の心に触れることができます。それは自分以外のものの見方、考え方、感じ方があることを教えてくれます。また、自分には経験できない様々な境遇を、フィクションにせよノンフィクションにせよ描き出していますから、その作品世界に触れ、想像の翼を広げ、人の心を理解することができるようになります。登場人物に共感したり、反発したり、様々な心の動きも経験できます。また、詩などの言葉の芸術に触れることで、豊かな感性を身につけることもできます。

4、「知識を身につける」

自分の興味のある分野についての専門的な知識などを深く学んでいくことができます。また、国内情勢や世界情勢といった大きな視点での知識を得ることも、思考力の土台となります。様々な知識を持つことは、教養を持つことにもつながっていきます。

5、「教養を身につける」

専門の知識の広さと深さも大切ですが、それ以外の分野について知っていること、教養豊かであることは、仕事をしていく上でも、人間関係を構築していく上でも大きな財産になります。仕事の話だけでなく、芸術や音楽、歴史、文学、など様々な教養があれば、話をしていても楽しいし、人間として尊敬をされることにもなっていきます。また、自分の専門分野で新たなインスピレーションを手に入れる上でも教養の力は大切です。

6、「未来を考える力を養う」

未来予測の様々な本を読むのも面白いのですが、そのような形で他人の未来予測に学ぶだけでなく、過去の歴史に学び、広い視野を持つことで、自分なりの未来予測ができるようになります。また、自分の「志」という自分の未来についてしっかり考えることも、読書を通じてできるようになっていく部分もあると思います。

時々、「本を読む意味がわからない」という声も耳にします。何せ、大人の二人に一人は1カ月で1冊も本を読まないわけですから、この意見は傾聴すべきことだと思います。以上、六つの読書の意義の他にも、色々な意味が読書にはありますし、自分なりにその意義を見出していくのも読書の醍醐味だと思います。

さて、言葉を得る方法の三つ目の、「体験を言語化する」ということですが、これは、今までの二つが「他人の書いたものを読む」のであることに対して、「自分で書いたものを読む」ことです。書くことによって、そのままでは消えていってしまう経験を一つ一つ整理し、経験を生きたもの、意味を持ったものにし、改めて読み返し反芻することで、更に自分に落とし込んでいくことができます。それが自分を大きく成長させてくれます。

読むことと書くことは表裏一体ですから、他人の書いた本を読んで、感じたこと、気づいたこと、考えたことを書くことも大切です。例えば、吉田松陰が読書をした時に必ずやっていたことが「抄録」です。これは筆者の主張を要約してノートに書くことや、大切なこと、印象に残った言葉を抜き書きしていくことです。皆さんも本を読んだら、それをもとに自分なりの短い感想を手帳や日記に書くと良いと思います。子どもの頃の読書は、面白いから、楽しいから読むという感覚がとても大事だと思いますが、もう一歩進んで、抄録ができるようになると更に高い所へ到達できるだろうと思います。

私が講座を担当する様々な場面では、提出されたレポートをタイプして、誰が書いたものかをわからなくした上で、クラスの全員で共有することもよくやります。同じクラスの人のレポートを読みながら、同じ授業を受けたのに、こんな受け止め方や見方があったのかと驚きを持って読むことが多くあります。指導者がつまらないアドバイスをするよりも、同じ立ち位置の仲間が、こんなにも大人びた、しっかりした考えを持っているんだと感じる方が、はるかに教育的です。大きな、読む意欲、書く意欲、そして、人として成長したいという意欲を生み出してくれるからです。

こうした「読み方を変える」という学びについて、バッカーズ寺子屋の卒塾生は、次のように受け止めています。

「講座のおかげで自分が変わったと思えることはたくさんあります。例えば、私は今の社会に興味を持つようになりました。バッカーズ九州寺子屋の講座では、世界のことや、今の日本の社会で何が注目されているのかを、塾長のお話や、配られる新聞記事を通して学びます。そのたび、塾長には新聞を読みなさいと薦められました。

正直、はじめは新聞なんて面倒だ、ＴＶのニュースがあるのにわざわざ読みたくないと思っていました。しかし、講座で新聞を読む回数を重ねる毎に、新聞を読むことを面白く感じるようになりました。配られる一つの記事に対する自分の考えと、塾生が発表した考えを比較して、自分が気づかなかった考え方に気づくことが面白く感じられたからだと思います。

さらに、バッカーズ九州寺子屋に朝早くから来て、日経新聞を読み始める同い年の塾生がいました。この塾生を見ていると、同い年でここまで大人びている人がいるのだなと感動し、このこともあって、自分も新聞を読んでみようと思いました。

また、世界で何があっているのかを知る毎に、自分も将来この場に行きたい、その地で学んでみたいと思うようになり、最初は外国に行きたいからという理由で何となく希望していた留学を、このことを機に、外国の社会を学びたい、世界のためになってみたいから留学したい、という強い希望に変わりました。

他にも私は目標を立てるようになりましたし、自分の心の持ち方も変わりました。目標はただの目標ではなく、具体的な目標を立てるようになりました。それは、バッカーズ寺子屋で、想像できる目標やゴールを持つと、そこまでの道程や手段を効率的に考えて進めることができ、想像できる目標なので、その目標まで、より頑張れるということを何度も聴いたからでした。」（中3・女子）

これまで見てきたように、残念ながら、日本の学校教育（特に中学校・高校）では、多くの子どもたちは、聴くことが聞き流すことになり、書くことが嫌いになり、読むことが活字を眺めることになり、また嫌いになっているのが現状です。

「読む」ことについて、一つだけ補足すると、平成30年度の文化庁の「国語に関する世論調査」によれば、1カ月に大体何冊くらい本を読むかという問いに対して、「読まない」が47・3%、「1、2冊」が37・6%、「3、4冊」が8・6%、「5、6冊」と「7冊以上」がそれぞれ3・2%となっており、1冊以上読むと答えた人の割合が52・6%です。過去の調査結果（平成20年度、25年度）と比較すると、「余り変化は見られない」という結果でした。

1冊も本を読まない16歳以上の男女が47・3%という結果からは、残念ながら「読書好き」という日本人の姿は読み取れないと思います。6・3・3合計12年間の教育によって生み出されたこの現実を直視し、もっと楽しく皆が学んでいくような社会を作りたいと私は思います。そのためには、読書案内といったものも必要なのだろうと思います。

また、読むことで、社会の現実を知り、そのことが自分の志につながったり、自分がやっている仕事の意義や価値を改めて知ることにもつながります。

自分の人生への無関心や、他者への無関心、そして、政治への無関心は、読んでいないことから生じている問題なのかもしれません。読むことの大切さを伝えていきたいと思います。

「話し方」（スピーチの仕方）を変える

最後に、「話し方」（スピーチの仕方）を変えることの大切さをお伝えします。それは、自分の考えや意見を持たず、発信したがらない大人を量産することを阻止しなければならないと考えるからです。そのために、もっと一人ひとりが自由に考え、発言し、お互いが高め合う空気感の教室がたくさんできたら良いと思います。それができないからＳＮＳで匿名の誹謗中傷をしたり、議会でヤジを飛ばしたり、建設的でない言論空間が社会全体を覆っているのではないでしょうか。

多くの子どもたちが学校で習うスピーチは、原稿を書いて、先生が内容や言葉遣いなどを修正し、その原稿を読むか、暗記して話すかのどちらかです。ひどい時には、先生に入れられた修正の赤ペンだらけで、自分の話したかったこととは全く違う内容になっていたという話も時々耳にします。

自分の言葉で語る習慣を身につけていないから、大学入試の面接や、入社試験の面接でも、大多数は、大人が喜びそうな耳障りの良いことや、当たり障りのないことを話し、マニュアル本に書かれているような言葉を並べ立ててしまうだけになってしまいます。それでは面接で通用しないことはもとより、社会人として人と関わっていく場面でも通用しないと思います。

大切なのは、伝えたい思いや信念であり、それを磨いていくことを、日頃から学校で学べていたらもっと状況は変わるはずです。

紙に書いた書き言葉と、話し言葉はそもそも違います。一言一句、原稿を作って読めば、書き言葉で話すことになってしまいます。また、原稿を読めば、聴き手とのアイコンタクトも疎かになり、紙を相手に話をしているだけになりますし、原稿を暗記して話せば、自分の記憶と対話をしているだけになってしまいます。共に目の前の聴き手に思いを伝えようとしていないのですから、そうしたスピーチが力を持つはずがありません。指導をされる先生方には、是非、そのことに気づいていただきたいと思います。

流暢に上手く話すことが大切なのではなく、思いを伝えることが大切なのです。その思いをいかに引き出し、言語化できるように導いていけるかが、話すことの指導だと私は思います。

子どもたちは自分でも何を話したいのかわからないことがありますから、じっくりと対話をしつつ、子どもの心の中にある思いに気づかせ、それを引き出していくことが大切です。時間と手間暇のかかる指導ですが、自分の志や考えを確立するためにとても大切なことだと思います。

バッカーズ寺子屋でのスピーチ訓練では、まず、ロジックツリーを使って、スピーチの骨組みを三つの柱で考えます。「今日の講座で私が感じたこと、気づいたこと、学んだことは三つあります」という具合に構成していきます。

そして、スピーチのまとめとして、「つまり、一言で言うと、……ということを学びました」という感じでスピーチを締めくくります。この三つのメッセージに共通するようなまとめの言葉をうまく抽出するのは、かなり難しいので、何度も、「一言で言うと何を伝えたいの？」ということを繰り返し問いかけて、伝えたい思いを凝縮していきます。

このようにして頭の中に、話したいポイントをたたき込んで、伝えたい三つの「メッセージ」と、それぞれのメッセージを伝えるために活用する「具体的エピソード」を明確にしていくのです。よく塾生に伝えるのは、話し方は毎回変わって構わない。ただし、伝えたい思いは変わらずに強くしていくことを意識してもらいたいということです。

ロジックツリーで話の構成が仕上がってくると、今度は、3インチ×5インチの情報カードに3分間ぐらいでスピーチの骨組みだけ書いてもらいます。三つの言いたいことと、それぞれの言いたいことを伝えるために必要な、具体例（エピソード）やデータに関するポイントだけを書いていくのです。それを繰り返していく中に、話したいことの骨格が明確になり、ブレがなくなっていきます。そこまで来れば、言葉に思いが乗せられるようになります。話し方の技術として、あるいは演技として、感情を込めているように見せるのではなく、自分の心の声に耳を傾け、心のままに話すのです。

スピーチトレーニングとしては、ロジックツリーが完成した時にも、情報カードが完成した時にも、全員に起立してもらい、声に出してスピーチをしてもらいます。立つことの意味は、体を自由にすることです。アイコンタクト、身振り、手振りを意識して話ができるよう、立って話すことが大切です。話が終われば座ってシナリオを修正するように伝え、私はストップウォッチを使って時間の経過を伝えていきます。それで自分のスピーチ時間も把握することができます。

それから、声を出す理由は、頭の中で話す言葉と、アウトプットされた状態の言葉とでは、全くパワーが違うからです。自分自身に対しても、口に出して話していると意識が明確になっていきます。頭の中で話していると何となく誤魔化せてしまい、曖昧できちんと話せない状態のままになってしまうのです。言葉に出してしまえば、それは1回限りの大きな責任を伴うものになり、誤魔化すこともできません。

だから、この言葉に出すトレーニングを重ねていけば、子どもも大人も自信を持って話せるようになっていきます。そして、最終的には、何も見ずに、人を相手に話すトレーニングを重ねていきます。なぜなら、壁に向かって話すのと、人の反応を見ながら話すのとでは、心理的に大きな違いがあるからです。

自分の言葉で話せるようになると、単に話す力が身につくことにとどまらず、人生に自信が持てるようになっていきます。また、自分の意志も明確になっていきます。そうした力はペーパーテストではなくて、言語化するトレーニングで身につくものだと私は思います。

書くこともそうですが、話すことも、最初は下手で良いのです。自分の思いを伝えることに、本来、成功も失敗もありません。恥ずかしく思う必要などないのです。言い間違えず、立て板に水のように話しても、何も伝わらない話だってあります。訥々と不器用に、言いよどみながら話しているのに、胸を打たれる話もあります。大切なことは「思い」がこもっているかどうかです。

もう一つ大切なことは、みずみずしい心を持つことです。他人の話を聴いても何も感じることなく、自分の中に伝えたい思いもない状態で居続けることは恥じて欲しいと思います。そして、それは、短期間で改善できることでもありますから、自分と向き合い「言語化すること」にチャレンジしていくと良いと思います。

話す力は、リーダーシップの力でもあります。バッカーズ寺子屋の卒塾生たちは、生徒会長や部活動の部長などリーダーになることが本当に多いです。それは、多くの経営トップにリーダーとしての考え方を学び、同時に伝える力を磨いているからだと思います。人をまとめたり、引っ張っていく上では、自分の考えと意志を明確に伝えていくことが大切です。上っ面の言葉ではなく、本物の言葉の力を身につけていくことで、人生が大きく変わっていくことを塾生たちの姿は雄弁に物語ってくれます。

「バッカーズ寺子屋に入塾する前は、大勢の人の前で何かを話したりするのが苦手でした。なぜなら、「ミスをしてしまったらどうしよう」と考えて、あまり上手く話すことが出来なかったからです。

でも、バッカーズ寺子屋でスピーチの練習をすることで、間違いを恐れずに自分の伝えたいメッセージを伝えることが出来るようになった気がします。

また、今まで僕は「誰かのために何かをやろう」と思ったことがあまりなく、大体は「自分のために何かをすること」が多かったのですが、バッカーズ寺子屋でみんなのために何かをするということを繰り返し学んだ結果、誰かのために何かをすることを意識するようになりました。

誰かのために何かをすると、相手だけではなく、自分も良い気持ちになることに気づきました。」（中２・男子）

「私は今年一年間バッカーズ九州寺子屋で学ばせていただいて、成長したことの一つは、失敗を恐れなくなったということです。

私はこれまで失敗を恐れて目の前にあるチャンスを見て見ぬふりを繰り返し、たくさんの成長への一歩を逃していました。そして、勇気を振り絞ってチャレンジをして失敗してしまうと、いつまでもそれを引きずっていました。

しかし、このバッカーズ寺子屋で、仲間たちのスピーチを聴いていると、経営者の方々や保護者の皆さんの前でも、ギャグを言ったり、失敗談を面白おかしく話したり、私だったら絶対に言えないようなことを言っていて、「どうしたらそんなことが人前で言えるんだろう」と、はじめの頃は心の底から不思議でなりませんでした。

しかし、時が経つにつれて、だんだんと私も、「スピーチって楽しい！」と思えるようになりました。そして、スピーチを聞いてくれている人すべてが自分の味方だという気持ちを持っていれば、どんなに自分が恥ずかしいと思うことでも言うことができるとわかりました。」（中1・女子）

「話す」ことが自由にできるようになるということは、前述した通り、自分の考えを持てるようになるということです。自分の伝えたい思いを伝えられるようになれば、人は自信を持って明るく強く生きていくことができます。

また、話す訓練をしていけば、言葉に対する責任を持てるようになります。相手にわかるように伝えたい、相手に嫌な思いをさせないように話したい、私の話し方は偉そうではないか、知ったかぶりになっていないか、自慢話になっていないか、嘘偽りはないか、様々な角度で自分の発する言葉と向き合うことになります。これほど大切な人間形成の方法はないと思います。

話すことの教育的意義は、単に上手く話せるということではなく、意志の力や思いやりの心、相手の立場を推し量る力など、様々な人間性を磨くところにあります。その教育的価値はもっと再評価されて良いと思います。

最後に、印象に残っている一人の塾生レポートを紹介します。初めの頃、マイクを回しても全く話せず、無言のまま、ずっと立っている塾生がいました。5分、10分とマイクを持ったまま沈黙が続いていました。ある日、意を決して、とことん話せるまで付き合おうと思いました。10分、20分、30分、1時間と時間だけが過ぎていきました。色々な言葉がけをしながら、何とかハードルを越えてもらいたいと本気で思いながら向き合っていました。それが周囲にも伝わっていたのか、講座の終了時間を過ぎても、帰る塾生はほとんどいませんでした。そして、何とか彼女は発表をすることができました。みんなの温かい拍手に包まれました。その日からです。彼女が大きく変わっていったのは。その時の様子を彼女のレポートから見ていきたいと思います。

「二つ目は、私が一番成長したことです。バッカーズ寺子屋では、とつ然マイクを回されます。今はマイクがとつ然自分のところにきても、少しの間考えれば、平気で発言出来ます。けど前までは、頭の中が真っ白になってはずかしくて、ずっと立ってました。私が変われたのは、木村塾長とSさんとTさんのおかげだと思います。三講座ぐらいの時に、私は何も言えずにずっと立っていました。だから先に他の人は解散して、私は残りました。その時、帰らないで私が言えるまで待ってくれている人がたくさんいて、塾長が、「誰かサポートを」と言った時に来てくれたのが、SさんとTさんでした。その時がすごくうれしくて、早く言わなきゃとあせりました。そして、その二人にサポートしてもらい、なんとか言えました。すると、みんながはく手をしてくれました。言えて、ものすごくうれしかったです。そして塾長からもアドバイスをもらいました。この時から私はちゃんと発言することが出来るようになりました。これが、私の一番成長したことです。」（小6・女子）

入塾時には、レポートがうまく書けない塾生もいます。スピーチどころか発表ができない塾生もいます。しかし、向上心と素直な心さえあれば、いくらでも成長していくことができます。私がここで言っている「話し方を変える」という意味は、単なる技術の問題ではありません。自己を確立するために大切な人生の一歩をどう踏み出すかという問題なのです。

「体験と言語化すること」を同時に

この「聴く・読む・書く・話す」という四つの領域は、単に国語の指導領域という問題を越えて、人間としていかに自己を確立していくかということに直結しています。しかし、それが表面的にしか捉えられていないことを感じます。その問題の大きさに是非気づいていただきたいと思いますし、その学び方を改善していただくことができればと思います。

この四つの領域の学び方を変えていくことは、教室の中でだけ学ぶのではなく、体験を通じて身につけていくことが大切です。考えてみれば、自然体験などの「体験活動」と「言語活動」とは、「野外学習」か「屋内学習」かという具合に、別々のものとなっていることが多いように感じます。しかし、この二つの良さを両立させていくことが、子どもたちを短期間で成長させていくポイントだと私は感じています。

人間形成にとって確かに自然体験活動は大切なのですが、仮にそれだけが大事だというのであれば、田舎の自然豊かなところで育った子どもであればあるほど、優秀に育っていくことになります。一方で、言語活動だけが大切というなら、本ばかり読んでいて、部屋の中で勉強ばかりしている子どもであればあるほど優秀だということになります。しかし、現実は、そのいずれでもありません。やはり、その両方をうまく組み合わせた学びの場を作っていくことが大切なのだと思います。

バッカーズ寺子屋では、年6回の経営者講話、年6回の企業訪問、年3回の合宿、年2回のスピーチコンテスト、その他、たくさんの体験&言語活動が用意されています。

経営者講話、企業訪問については、実際に社会で活躍してこられた経営者の皆さんが、人として大切なこと、社会で求められる人材とは、自分の仕事への誇りや志、そうしたことをありのままに伝えてくださいます。

ここで、聴く力、話す力、書く力の三つの力が鍛えられるのです。経営者の話をどれだけ考えながら聴けたか。質問や感想を話すことがどれほどできたか。レポートにどれだけ自分が感じたこと、気づいたこと、考えたことを書けたか。ただ、話を聴いたり、見学したりするのではなく、どれほどの深さでその時間を過ごしたかが問われます。勿論、塾長の私にもそれが問われますから、塾生以上に真剣に聴き、メモを取って、質問や感想を話せるようになっておかなければなりません。だから塾生と私のやっていることは基本的には同じです。質問が出にくいような時には、私が範を示して質問をどんどんしたり、感想を述べたりすることもあります（塾生たちが伸びやかに発言できるよう、これはできるだけしないようにはしていますが）。その場にいて、同じように話を聴いているのですから、塾長と言えども受講生の一人に過ぎません。こうした姿勢をこそ子どもたちは学んでいるのです。

私は何度同じ話を経営者の方から聴こうと、手を抜いて聴いて良いとは全く思いません。なぜなら、去年のその方と、今年のその方とでは、同じことを話していても、微妙なニュアンスは必ず違うはずだからです。また、受け止めるこちら側も、去年の自分と今年の自分とは違っておかなければなりません。お互いに進化し、成長していれば、当然、そこには新しい気づきが生まれるはずです。同じ話を「新しく聴く力」が大切なのです。先生の聴く姿勢や考えを子どもたちは実によく見ているのです。

バッカーズ寺子屋の体験活動の中でも密度の濃い年3回の合宿は、それぞれに違ったテーマがあります。第1回目の合宿は、山口県萩市で4日間、チーム作りの合宿を行います。萩を選んでいるのは、松下村塾などの史跡を見て、近代日本の形成過程を学んでいくためです。また、そうした歴史を作っていった、吉田松陰はじめ維新の志士たちは、実際に生きた人間であったことを実感してもらうためです。その体験を通して、歴史とは知識（年号と事柄）を覚えることではなく、世界情勢、国内情勢の中での人々の生き様を知ることだと実感してもらうことが目的なのです。

歴史上の人物は、その時、なぜ、そのような行動をしたのか、つまり、そのような歴史的事件が起きたのはなぜかを考え、自分だったらどうするか、現代に当てはめて考えてみると、どういうことなのかをイメージする力を育むことが、未来を生きていく上での大きな力になるのではないかと考えています。

また、魚釣りの仕掛けを準備し、釣って、捌いて、料理して食べることや、バーベキューの買い物、準備、後片付けなど、アウトドアの活動もみんなで失敗しながらやっていきます。できるだけ指導者は教えないで、上手くいかないことをどう乗り越えていくかを考える時間を生み出すことが大切です。

萩焼作りも、ろくろと手びねりと二通りの作り方で作品を創っていきます。これは、日本の文化を体感する学びでもあり、自分と向き合い、自己表現をしていく時間でもありまます。

す。後日、焼き上がった作品には、それぞれが名前をつけ、お互いに品評会をして楽しみ

最終日には、4日間で感じたこと、気づいたこと、学んだことをグループで発表してもらいます。歴史上の知識を発表しなくてもかまいません。あくまでも、メンバーが何を感じたのか、何に気づいたのか、何を考えたのかを自分の言葉で語ることを大切にしています。

また、合宿最終日には、最後の締めくくりとして、解散式を開催します。お迎えに来て下さっている保護者の皆様や経営者の方に、15分間ほどのスライドショーで合宿の様子を見ていただき、その後で、一人ひとりが、3分間ほどのスピーチをします。テーマは、「4日間の萩合宿で、私が感じたこと、気づいたこと、学んだこと」です。

そして、3日後を締切として、レポート用紙3枚以上で、スピーチと同じテーマでレポートを提出してもらいます。他にもたくさんの仕掛けがある合宿ですが、とにかく「体験+言語化」という意図を持って合宿は作られています。

体験も言語化も、大切なことは指導者が範を示すということです。自分にできないことは、他人には伝えることはできません。バッカーズ寺子屋では、あらゆる場面で、率先垂

範、言行一致、師弟同行の姿を示すことが大切だと考え、共に学ぶ体験を作ってきました。引率者が一番重い荷物を背負うことや、あらゆる面で、子どもたち以上に真剣にやってみせることが大切だと思います。勿論、任せたり、失敗させたり、一緒に楽しんだり、伸びやかであることも大切だと思います。こうした場面において、学校の先生は監督という立場に立つことが一般的ですが、バッカーズ寺子屋はそのやり方をしません。誰よりも真剣に学び、遊び、楽しむ姿を見せ、子どもたちと共に汗を流すことが大切なのだと思うからです。「教学同時」教えることは学ぶことでもあり、学ぶことは教えることでもあります。体験活動の中では、指導者の、釣りもやる、火もおこす、魚も捌く、おむすびも結ぶ、他の料理も手際よく作る、後片付けも手早くできる、時間には絶対に遅れない、そうした言行一致の姿が大事です。また、言語活動においては、自分が話せる、文章も書ける、そうしたお手本を示していくことが大事です。

究極的には、バッカーズ少年教育10原則を行動で示すことが理想ですが、そう簡単ではありません。しかし、子どもたちと共に、理想を追い求めることをやり続けていこうと思います。

これまで体験と言語化を一体のものとして学ぶことが、大きく子どもたちを成長させることをお伝えしてきました。

実は、バッカーズ寺子屋での様々な学びは、決して、単独で成立するものではありません。例えば、「話すこと」は、バッカーズ寺子屋の教育の大きな柱をなすものですが、「話すこと」は、あらゆるテーマと密接に関わっています。「聴くこと」「書くこと」「失敗を恐れないこと」「困難に打ち克つ力を身につけること」「利他の心を持つこと」「志を立てること」「社会を知る意欲を育むこと」こうしたこと全てに深いつながりを持っています。

つまり、寺子屋での学びは渾然一体となっていて、学ぶことを分離分割せず、全ての学びに「志」という団子の串のような一本の軸がしっかり通されているのです。おそらく、教育内容を分離分割し、役割分担をして指導する学校と、バッカーズ寺子屋の教育活動は、対極に位置しているのかもしれません。

次の塾生レポートを読んでいただくと、バッカーズ寺子屋の教育が何かということと、学び方を変え、人として成長していくことの大切さを感じとっていただけるのではないかと思います。

「バッカーズの入塾説明会に行ってみようよ?」父からのこの言葉が、私とバッカーズとの最初の出会いでした。実際に父と一緒に説明会に行ってみると、木村塾長からのスライドショーでの説明があり、バーベキューや東京研修等、楽しいことばかり映し出されていました。こんな単純な理由が、私のバッカーズ入塾のきっかけでした。

　そして、7月の入塾からあっという間に約1年の月日がたちました。当初考えていた楽しいことばかりでなく、自分が苦手とするスピーチやプレゼンテーションなどもありましたが、初めて出会うバッカーズメンバーと日々接する中で、多くのことを学び、経験・吸収したと感じています。

　その中でも私が最も学び、心に残っていることが、大きく三つあります。

　一つ目は、「助け合い」と「思いやりの心」を大切にするということです。これを最も感じたのは、二泊三日の萩往還合宿です。私自身、今まで1日に30キロメートルを歩いた経験はありませんでした。当然、想像もできません。その状況の中で、いきなり30キロメートルの道のりをなんの準備もなしに歩く訳ですから、足が痛くなるのは当然です。これは私だけでなく、他のバッカーズメンバーも同じで、一歩歩くだけでもつらい人がいました。私は自分のことを考えるだけで精一杯。私の通う学校でも、周りの人のことはおかまいなしで自分のことだけで精一杯という「思いやりのない人」が多く、日頃から嫌な思いをしていましたが、実際は私自身も同じでした。

しかし、バッカーズメンバーは、自分も足が痛いのを我慢して、周りの人に気を配り、「大丈夫？」「バッグを持とうか？」と声をかけて励ましていました。この声が私自身の励みにもなり、最後まで歩くことが出来ました。そんなことから、「助け合い」と「思いやりの心」は、人に勇気を与えるエネルギーになると感じました。合宿から帰ってきた時のスピーチでも言いましたが、これからは私が人を助ける声をかけていけるように気配りをしていきたいと思います。

二つ目は、「失敗を恐れずに、あきらめず、チャレンジする」ということです。私が学校の授業でいつも発表せず、また、色々なことにあまり挑戦しない理由は、「失敗したらどうしよう」という不安があるからです。毎日の学校の授業でも「間違えたら嫌だから発表しない」という変な理由があり、なかなか発表することが出来ませんでした。バッカーズでも何度か失敗することがありましたが、自分が思っているような悪いことへは全くつながりませんでした。むしろ、今まで分からなかったことが分かるようになったことで、とても「うれしい気持ち」で一杯になりました。このことを機会に、「失敗したっていい、ただ、そこから新しい道が開けるように、あきらめずにチャレンジしていこう」と心の底からそう思いました。それから少しずつではありますが発表出来るようになり、中学生になると、小学生の時以上にたくさん発表が出来るようになったと感じています。間違ったところも分かるまで、納得するまで、あきらめずに正解を見つけるようになりました。そのおかげで成績もあがりました。これから高校、大学と進み、社会人になっていきますが、「失敗を恐れず、あきらめず、チャレンジする」という言葉を忘れずに、常に挑戦していこうと思います。

三つ目は、バッカーズの学びで中心としている「志」を持つということです。私は「志」どころか「夢」も持っていませんでした。それに、「志」と言われてもピンときませんでした。今は「夢」を持っています。それは、看護師になりたい、パティシエになりたいというような夢ではなく、勉強をして、○○高校か、△△高校に行くことです。でも、「夢」とは「志」と比べ、簡単なもので、嫌になればすぐに消えてしまいます。「志」とは、その人が貫き通すものであって、「夢」のように簡単なものではありません。そんな「志」を私も持つことが必要だと考えました。そして、「夢」にすぎなかった○○高校か△△高校に行くために「勉強し続けること」を「志」としました。○○高校は父の母校であり、△△高校は校区で一番なので、小学三年生のころからあこがれていました。どちらかに行くために、中学校三年間で、誰にも負けないくらい勉強していきたいと思っています。それから、将来はフランスにもアメリカにも行ってみたいので、英語を中心に頑張っていきたいと思います。

バッカーズ九州寺子屋では一年間、学校では出来ない多くの体験をすることが出来、また多くの仲間と出会うことが出来ました。私にとってバッカーズは、もう一つの「学校」と同じ存在です。普段は考えない自然のことや、世界のこと、現在の社会のことなどを深く考えることが出来ました。今ではニュースを見ていても、その内容について両親と話が出来るようになりました。これは我ながら成長したと思える点の一つです。また、入塾当初の目標は「バッカーズを通して生涯の友達をつくる」ということでした。私は引っ込み思案で友達をつくるのが苦手なほうですが、その目標をたてたおかげで自分から話しかけるようになり、同じ目的を持った仲間であるからか、たくさんのメンバーと仲良くなることが出来ました。生涯の友達になっていくかどうかは、これからの自分の行動でかわってきます。ホームカミングデイだけでなく、同窓会の企画をしたり、メールをして、熱い思いを持ち続けていくことで、いつか一生涯の友達になれたらいいなと思います。

第一回スピーチコンテストでは、日常ではなかなか伝えられない感謝の言葉を両親に伝えることが出来ました。こんな貴重な経験ができるバッカーズにもう少しで来ることが出来なくなる。メンバーに会うことも少なくなる。そう思うと、なんとなくさみしい感じがします。でも、気持ちを前向きにして、これからもバッカーズの考えや吉田松陰先生の教えをいつも心におき、大切にして社会に出ていこうと思います。」

（小6・女子）

現在、彼女は、医学部看護学科に合格し、自分の志をしっかりと持って、自分の道を歩んでいます。彼女が学んでくれた、人として大切なことが、必ず多くの人たちを幸せにする力になると確信しています。

ここまで、バッカーズ寺子屋を始め、私が教育活動の中で大切にしている「学び方」を変える大切さについて話を進めてきました。「聴く・読む・書く・話す」という多くの人が当たり前と思っていることを、当たり前でないレベルでやっていくことが、大きく人を成長させていくのだと思います。これが、15年間の教育実践活動を通じて私が学んできたことです。

次の第3章では、私の教育のメインテーマである、「志の教育」について、触れていきたいと思います。ただし、この内容については、拙著『「志」の教科書』(産経新聞出版)の方により詳しく書いているので、そちらをお読みいただけたら幸いに存じます。

【第3章】

今、求められる「志の教育」

志を立てる意味

バッカーズ寺子屋の教育においても、企業研修においても、私は「志の教育」をテーマにしています。私は「志を立てる」ということが人生において、とても大切だと考えているからです。なぜなら、目的もない1日、1週間、1カ月、1年を過ごしていても、活力は湧いてきませんし、充実感も得られません。若い頃の私の生活は、まさしくそのような怠惰な日々でした。毎日を楽しく過ごしているようで、ふと、自分の来し方行く末を考えると、何とも言えない虚しさのようなものに襲われる。それを誤魔化すために、刹那的な楽しみに身を投じていく。その繰り返しを続けるのです。今にして思えば、それは、目的を持たぬ人間に共通の感覚と行動パターンなのだと思います。

時を経て、また、数多の紆余曲折を経て、私は今、「日本の教育をより良いものにしていきたい」という強い志を持って生きています。まだ、実現しないことも多く、自分の力不足を痛感させられますが、それでも見果てぬ夢を追い続けようと思っています。そして、毎日が楽しく充実しています。仕事もやり甲斐があり、多くの素晴らしい人たちとの出会いの中で、学ぶ機会にも恵まれています。

人生百年と言われるこの時代に、目的も持たず、酔生夢死の人生を生きていても自分自身があまり楽しくないと思います。それでも勿論、一定の楽しみは得られるでしょう。しかし、心の奥深いところから泉の如く湧いてくる、本当の生きる楽しさの感覚は、自分が生まれてきた意味（天命）を深く知り、志を立て、全力で生きていく日々の中にこそあるのだと思います。

幕末において社会変革を成し遂げていくことになる多くの若者たちを育てた吉田松陰は、「志を立てて以て万事の源と為す」という言葉を遺しています。志を立てるということは、人間の言葉や行動、つまり、生き方の全てに関わる根本的なことだというのです。志があるからこそ、二度とない自分の人生をどのように生きるかという照準が定まり、照準が定まるからこそ、１日１日を大切に過ごそうという意志と覚悟が芽生えるのです。そして、それがその人自身を作っていきます。

また、国民教育の父と言われる森信三先生は、次のように仰っています。

「われわれ人間の価値は、その人がこの二度とない人生の意義をいかほどまで自覚するか、その自覚の深さに比例すると言ってもよいでしょう。ところで、そのように人生の意義に目覚めて、自分の生涯の生を確立することこそ、真の意味における「立志」というものでしょう。

したがって人生の意義は、少青年の時におけるその人の志の立て方のいかんに比例すると言ってもよいわけです。すなわち人間の価値は、その人がこの人生の無限なる意味を、どれだけ深く自覚し、またそれをどれほど早くから、気付くか否かによって定まるとも言えましょう。

これ古来わが国の教育において、「立志」の問題が最も重視せられたゆえんであって、極言すれば教育の意義は、この立志の一事に極まると言ってもよいほどです。故にまた真に志が立つならば、ある意味では、もはやしいて教え込む必要はないとさえ言えましょう。というのも真に志が立ったら、自分に必要な一切の知識は、自ら求めて止まないからであります。

このように考えて来ますと、一つの国家においても、その成員たる一人びとりの国民が、いかほど深く国家民族の使命を自覚しているか否かによって、その国家の運命に重大な相違が生ずると言えるわけであって、これは何人にも明らかな道理であります。」

（『修身教授録』致知出版社）

志を立て人生を生きるということは、人々のため、社会のために力を尽くす生き方をすることでもあります。しかし、それは同時に、自分の真価に気づき、自分を世の中のために活かすことです。自己実現とは、決して自分自身のためだけのものではないのです。また、他者のために何かをすることや、人に何かを与えることを、自分が損することだと思う人もいます。しかし、与えることは、自分が損をすることでも、何かを失うことでもありません。与えることで自分もまた大きなものを得ていくことに、いつか気づくものだと私は思います。

利己主義を離れ、利他の心で生きる時、人は、自分自身が多くの恵みをいただいて生きていることに気がつきます。自分と自分を取り巻く世界は本来一体のものであることに気づけば、自己への有能感と深い感謝を持てるようになります。それが志を持って生きるということだと思いますし、そこに「志の教育」の意義があるのだと思います。。

志とは何か

将来のことを言い表す言葉として、「夢」、「ビジョン」、「志」といった言葉があります。また、「目的」、「目標」という言葉もあります。

「夢」の語源は「寝目（いめ）」であり、寝ている時に目にするものという意味です。発音としては平安時代頃から、「ゆめ」と発音されるようになったようです。寝ている時に見ているということは、目が覚めれば消えてしまうということです。「夢」に人偏（にんべん）が付くと、儚いという字になりますが、文字通り、「夢」は儚いものというニュアンスを持っています。

また、「夢」は私的なことであっても公的なことであっても使うことができます。例えば、「私は将来お金持ちになって20億円の豪邸を建て、高級車やクルーザーを買って、贅沢に遊び回りたい。それが私の夢だ！」という私的なこと、私利私欲に関わる場合にも使える言葉です。

一方で、「私は紛争地帯の子どもたちが勉強できるように、地雷原の地雷を除去し、学校を建ててあげたい。それが私の夢だ」という使い方もできます。これは人々のためにという公的な「夢」です。

次に、「ビジョン」という言葉は、日本のビジネスの世界でも「ビジョン作りが大事だ」というように、具体的な計画というニュアンスや、映像化できる具体的未来というニュアンスで使われることが多いと思います。

具体化するということは、数字を入れるということです。いつまでにやるのか。お金はいくら必要なのか。人は何人必要なのか。夢を儚いままに終わらせないためには、ゴールを定め、具体的な「ビジョン作り」が必要になります。

そして、「志」ですが、これは「心指す」。つまり、心の指し示す方向に向かって進んでいくというのが語源です。また、「志」には、人々のため、社会のためというニュアンスが含まれています。

例えば、先ほど夢の所で挙げた二つの例ですが、「私は将来お金持ちになって20億円の豪邸を建て、高級車やクルーザーを買って、贅沢に遊び回りたい。それが私の志だ！」と言うと違和感があります。それは「志」じゃないんじゃない？と思われてしまいます。

一方で、「私は紛争地帯の子どもたちが勉強できるように、地雷原の地雷を除去し、学校を建ててあげたい。それが私の『志』だ」という使い方には違和感はありません。人々のため、社会のためというニュアンスがあるからです。

こうした言葉のニュアンスの違いを踏まえた上で、私は「夢」も大切にして欲しいと思います。まずは、できるかどうかわからなくとも、こんなことができたら良いな、やってみたいなと、憧れ、実現を思い描くことは、人間が生き生きと生きていく上での大きなエネルギーの源になるからです。しかし、夢想しているだけで、現実の努力をしなければ、「夢」は儚く消えていくだけです。だから「ビジョン」を作り、将来構想を思い描き、一歩一歩、具体的に進めていくことが大切になるのです。

そして、「志」を持つところまで行けば、それは強い意志と大きなエネルギーで実現のために、前進し続けることになると思います。人は自分さえ良ければと思って働いていても、大きな活力や充実感は得られません。自分がやったことが誰かの役に立った。社会のためになった。たくさん感謝の言葉をいただくことができた。その喜びが、また、大きな自分の力となって次のステージに向かっていけるのだと思います。

「志」を持つことは、自分にとっても楽しいことだし、多くの人々と喜びを分かち合っていくということでもあります。

志はご大層なことか？

「志」というと、「そんなご大層な」と言う人たちが少なからずいます。「世のため」とか「社会のため」とか、私は自分のことで精一杯なのですと考える人たちです。その人たちも決して悪い人たちではありません。むしろ常識的で善良な人たちです。しかし、目の前の自分のことしか考えていなければ、どうしても大所高所からものを見て、世の中の大きな流れといった全体観を持つことはできませんし、組織全体にとっての最善とは何かを見誤ることも多いと思います。

また、利他の心ではなく、自分の損得を判断基準として行動している人の所には、結局同じような考えの人たちが集まり、私利に基づく様々な判断が、いざこざにつながったり、それに巻き込まれたりしながら生活していくことになるように思います。若い頃の私自身がそうでした。

しかし、社会はつながり合ってできていますから、利己的で自分のことしか考えない大人たちが増えていけば、それは未来を危うくすることにもつながります。だからこそ、私はやはり「世のため、人々のために」という心を持つ大切さを、伝え続けたいと思います。

日本の歴代首相もその著書を読んでいるといわれる、現代を生きる知の巨匠、ジャック・アタリ氏は、２０２０年の新型コロナウイルスによるパンデミックに際して、次のような言葉を残しています。

「パンデミックという深刻な危機に直面した今こそ、「他者のために生きる」という人間の本質に立ち返らなければいけない。協力は競争より価値があり、人類は一つであることを理解すべきだ。利他主義という理想への転換こそが人類のサバイバルへの鍵である。」

「利他主義は合理的利己主義にほかなりません。自らが感染の脅威にさらされないためには、他人の感染を確実に防ぐ必要があります。利他的であることは、ひいては自分の利益となるのです。また、他の国々が感染していないことも自国の利益になります。」

「利他主義とは、他者の利益のために全てを犠牲にすることではなく、他者を守ることこそが、我が身を守ることであり、家族、コミュニティ、国家、そして人類の利益にも繋がる。利他主義とは、最も合理的で自己中心的な行動なのです。」

（２０２０年４月11日放映 ＥＴＶ特集
「緊急対談　パンデミックが変える世界～海外の知性が語る展望～にて」）

この考え方は、志を持つことが、結局、自分のためであり、人々のためにもなるということと同じニュアンスだと感じます。利他と利己を何も常に対立するものとして捉えなくとも良いのです。

私は、志を持った方が、自分自身も成長し、充実すると考えています。

その理由の一つ目は、人間は誰かのために力を尽くすことで、本来の自分に備わった能力を初めて開花させることができるからです。草食動物の親子が肉食獣に襲われた時、親は死に物狂いで、ものすごい力を発揮して、子どもを守ろうとします。本当は、死の恐怖におびえ打ちのめされそうになっているはずなのに。しかし、子どものためにという意識の方が、自己保身の意識に勝るのです。

人間もまた自然災害や戦争の時には、自分の安全や命を捨てて、次の世代に命を託そうとする姿が数多く見られました。自分だって幸せに生きたかったたし、死にたくはなかったはずです。けれども、家族や愛する人たちのために、自己犠牲を厭わなかったし、それを犠牲とすら思っていなかったのかもしれません。

そこまでいかずとも、自分の所属する組織や、自分の生まれ育った故郷などについて思う時、いかに自分自身が他人様に支えられて今日があるかを自覚し、感謝の心がある人は、他者のために尽くそうという思いが芽生えるものだと思います。そして、それは、他者のためでもあり、自分自身のため、自分の生まれ持った力を最大限に開花させるためのものでもあるのです。

二つ目は、子どもたちのためを思うことは、「種の保存」につながることであり、子どもという他者を活かすことが、自分の人生を活かすことにもなるからです。子どもたちに命のバトンを託すことはあらゆる生物の大きな使命です。豊かさの中で、利己的になり過ぎた私たち人間は、そうした生物的本能を失っているように思います。

例えば、セミは繁殖行動という生きる目的を終えれば、死ぬようにプログラムされています。ハサミムシの母親は、生まれた卵を懸命に守り育てますが、やがて卵が孵化すれば、その子どもたちに食べられるようにプログラムされています。サケも命がけで故郷の川を遡上して繁殖行動を行いますが、それを終えれば死ぬのが定めです。サケの死骸は多くの生物たちのえさとなりその川にはプランクトンが豊富に湧き上がり、それは生まれたばかりの稚魚たちの餌になって命の循環を産み出していきます。サケも死してなお、子どもたちの役に立つのです。

こうした生物たちも懸命に生きています。そして、自分だけのためではなく、次の世代のために意味のあるものとして、二度とない生を終えていきます。

では、私たち人間は、どれだけ意味のある人生を生きようと努力しているのでしょうか。自分以外のもののために、そして、次の世代のために……。

私たち人間は、「志」を立て、自分の人生を自らの力で意味のあるものにしていくことができます。生物としての種の保存だけでなく、学問をし、人格を磨き、より良い社会を築き上げていく力を授かっているのです。せっかくそうした力を与えられていながら、それに気づかぬまま人生を終えるのは、私は勿体ないと思います。二度とない人生を、明るく楽しく、志高く生きたいものです。

もう一つ付け加えておきたいことは、自分が社会的に何か大きなことをすることだけが、志ある人生の全てではないということです。

例えば、野口英世の御母様の人生も素晴らしい志ある人生だと思います。

野口英世の母、野口シカは、自分が目を離しているすきに、幼い清作（後の英世）が囲炉裏に落ちて大火傷を負ったことを生涯にわたって悔い続け必死で働きます。やけどで左手が木のこぶのようになった清作は、百姓にはなれないから、何とか学問で身を立たせようと、シカは必死に働きます。昼は畑仕事をし、夜、子供たちを寝かしつけた後は、近くの川でエビなどを採り、翌朝それを売りに歩きました。そうして息子の成長のために生きた人生でした。

シカは更に農作業の傍ら、45歳の時から産婆を営むようになります。シカは子どもの頃、家が貧しく丁稚奉公に出ていたため、読み書きができませんでした。しかし、大人になって産婆の国家資格をとるために読み書きを勉強し、アメリカに渡っていた英世にも手紙を書きます。その手紙は、お世辞にも上手な字とは言えない、ひらがなとカタカナだけの手紙です。しかし、息子を気遣い、また、息子に会いたい一心で書いた、その手紙のたどたどしい文字を目で追っていると涙が溢れます。

母シカは英世に、「世のため人のために尽くしなさい」と教えます。明治29年（189

6年)、19歳の時、英世は更に勉学の地を求め、上京を決意します。出発の際、生家の床柱に「志しを得ざれば、再び此地（このち）を踏まず」と思いを刻みつけました。東京に出た英世は、血脇守之助先生の元で医学の勉強に熱心に励みます。「ナポレオンは一日に3時間しか眠らなかった」という言葉を口ぐせとし、また、自身もその通りに実行し、わずか20歳の若さで医師免許を取得します。

このように「我が子を立派に育てる」という思いを貫く、母としての人生も、私は素晴らしい愛と志ある人生だと思います。学歴がなくとも、読み書きができなくとも、やれることはいくらでもあることを、また、信念を持つことの大切さを、野口シカの人生は教えてくれます。シカの人生があったからこそ、野口英世は素晴らしい業績を遺し、世の中に多くの恩恵をもたらすことができたのです。

1918年、シカは当時流行したスペインかぜのため亡くなります。アメリカでその知らせを受けた英世は、「世のため人のために尽くしなさい」と教え、身を粉にして働いた母の姿を思い出していたのではないでしょうか。

志を立てる方法「啓発録」

①志を立てる四つの方法

変化のスピードが速く、複雑になった現代社会において、人生の志を立てることは簡単ではありません。ですから、多くの人たちは、志を立てたいと思いながらも、どうすれば志を立てられるのかわからぬままに人生の時間を過ごしていきます。では、どうすれば志を立てられるのかというと、次の四つのことを大切にすることです。「1、読書、2、師友、3、逆境、4、感激」この四つです。このことは橋本左内が数え年15（満年齢で言えば14歳）の時に書いた『啓発録』に書かれています。

「凡（おほよそ）志（こころざし）と申（まうす）は、書物（しよもつ）にて大（おほ）に発明致（はつめいいた）し候（そうろう）か、或（あるい）は師友（しゆう）の講究（こうきゅう）に依（よ）り候（そうろう）か、或（あるい）は自分艱難憂苦（じぶんかんなんゆうく）に迫（せま）り候（そうろう）か、或（あるい）は奮発激励致（ふんぱつげきれいいた）し候歟（そうろうか）の処（ところ）より、立（た）ち定（さだま）り候者（そうろうもの）にて、平生安楽無事（へいぜいあんらくぶじ）に致（いた）し居（を）り、心（こころ）のたるみ居（い）候時（そうろうとき）に立事（たつこと）はなし。」（『啓発録』講談社学術文庫）

左内は、先ず第1に、読書によって、発明することが大切（発明とは＝物事の道理や意味を明らかにすること。明らかに悟ること）だと述べています。つまり、読書を通して、人間としての在り方や生き方を学ぶことが、志を立てることにつながるというのです。これは伝記を読んで古今東西の先人の生き方や考え方を吸収し、四書五経を読んで人間としての徳を涵養することが大切だという意味です。

第2に、師友の講究（講究とは＝物事を深く調べ、その意味や本質を説き明かすこと）が大切だと述べています。学問の先生や友人と共に学び切磋琢磨し、自分を磨いていくことで、自分の志が見えてくるというのです。これは様々な人と出会い、その出会いから大きな刺激を受け、自分もかく在りたいと心を奮い立たせることで、人は志が立てられるというのです。

第3には、「艱難憂苦」が自分の身に降りかかってこそ、志が立てられるのだと述べています。艱難憂苦（艱難＝困難にあってつらい思いをすること。憂苦＝憂え苦しむこと。心配して気にやむこと）というのは、「逆境」と言い換えることができます。自分の身が逆境におかれ悩み苦しんでいる時にこそ、自分がいかに生きるべきかという志が見えてくるのです。死地に追いやられるほど苦しい思いをする中で、二度とない人生をいかに生きるかを真剣に考えた時に、自らの揺るぎない志が見えてくるのだと思います。

第4には、「奮発激励」（奮発＝気力を奮い起こすこと。発奮。激励＝はげまして、奮い立たせること）した時に、志が立てられると述べています。これは、その後の『啓発録』の文脈からもわかる通り、何か強烈な体験をすることで心が動かされ、その「感激」によって心が奮い立ち、志が立つということです。逆に言えば、日々を「平安無事に過ごして、心がたるんでいるようでは、志を立てることなどできない」と言うのです。

この四つは、人間が志を立てる上で大切なことですし、人間として成長する上でも大切なことだと思います。本を読むことで人としての在り方を学び、様々な人との出会いの中で自分自身の生き方を考え、逆境に負けない揺るがぬ信念と器の大きさを持ち、感激によって心を高揚させ自分もかくあろうと思うこと。それは、志を立てる上で大切なことであると同時に、人が今以上の自分になろうと人格的成長を求める時に、いつの時代にも、必ずやるべきことでもあると思います。

実を言うと、バッカーズ寺子屋で子どもたちと共に学んでいることも、結局はこの四つの中に全て含まれてしまいます。シンプルですが、深く大切なこの四つのことを常に意識して。学びの場を作っていくことが大切だと思います。

②志の教育はオセロゲーム

「志」の大切さを精一杯伝えても、伝わらないことは多いものです。多くの大人たちに「夢」や「志」がなく、目の前に追われて生きているからです。

また、「どうせ無理だ」という意識に支配され、夢を追うことを諦めた人が多いからです。「志」という言葉に古くさいとか、堅苦しいとか、封建的という先入観を持っていて、誤解する人たちもいるようです。

私は何とかして、大人にも、子どもにも、志の正しい意味を伝え、志を立てる方法をお伝えしていきたいと思います。

なぜ、私が志の大切さを確信を持って言えるかというと、偉大な業績を遺した古今東西の偉人たちの多くが、志の大切さについて著作に書き残しているからです。そうした書物を私たちが読む機会を失っているから、志の大切さに気づかなくなってしまったのです。

私は「志の教育」には、オセロゲームのような一面があると思います。つまり、志が立っていなければ、志に関する言葉の一つ一つが曖昧模糊として意味不明なものとしか思えないけれども、志が立てば、これまでに触れてきた、志に関する言葉の一つ一つが、はっきりした手応えと共に心に響いてきて、全ての石が白や黒にひっくり返っていくように、つながりを持って全てが理解できるようになるということです。

「志の教育」は、孔子が「吾十有五にして学に志す」と語った、15歳を目処に確立できるよう、10歳ぐらいから始めるのが良いと思います。まだ、子どもには無理だという声が聞こえてきそうですが、本当に大切なことは、深く大きくて、すぐには理解できないことが多いものです。けれども、何かずっと心に引っかかることがある感じがするものです。反対に、すぐに理解できてしまうようなことは、大したことではないのです。今の時代、教育でもメディアでもわかりやすさが重視されていますが、何が心に残るかを本気で考えて教育をしていくことが大切だと思います。

私も「志」という言葉が、子どもの頃に心に引っかかっていましたが、深く考えることは若い頃にはありませんでした。ただ、たくさんの伝記を読む中で、「志」という言葉に色々と触れる機会があり、クラーク博士の「Boys Be Ambitious.（少年よ大志を抱け）」という言葉などにも触れて、心の中にずっと「志」という言葉を持ち続けていたことは確かです。

今、私は、「志とは何か」と聞かれた時に、自分なりの言葉では、次のように伝えるようにしています。

1　志とは、自分が信念を持って、世の中のために（多くの人々のため、未来のために）、不退転の決意で実現させたいと心から願っていること。

2　志に生きるとは、天から与えられた使命（天命）に気づき、二度とない人生において、それを全うするために、全身全霊で取り組む日々を過ごすこと。

3　天命に気づき、志を得るためには、「読書・師友・逆境・感激」が必要不可欠であり、学び続け、チャレンジし続けなければならない。

4　志を実現させていくためには、人格を磨かなければならない。その方法も、「読書・師友・逆境・感激」の四つである。

「志」という言葉の定義を自分で考え、そのことの意味を理解し、行動するには、長い時間が私には必要でした。だからこそ、次の世代の子どもたちには、是非、早くからそのことに目を向け、一度限りの人生を素晴らしいものにしていただきたいと心から願っています。

【第4章】教育にとって大切な18のポイント

①「気づく力」を育む

さて第4章では、第2章、第3章でお伝えしたような教育実践を通して、子どもたちはどのように感じ、何をつかんでいるのかをお伝えしたいと思います。また、バッカーズ寺子屋の塾生たちが書いた「卒塾文集」から、1年間受講した感想を引用しつつ、どのような考えのもとに学びが実践されているのかを明らかにしていきたいと思います。

バッカーズ寺子屋の教育では、「気づくこと」を大切にしています。まずは、中学生の塾生のメッセージを借りて、バッカーズ寺子屋が大切にしている「気づく力」とはどのようなものかについてお伝えします。

「私は、おそらくバッカーズに入塾する前、バッカーズで習った内容と似たようなことを耳にしたことがあると思います。具体的には、「志を持つことの大切さ」や「自己管理能力を身につけることの大切さ」についてなどです。

しかし、私はこのようなことを知っていたにも関わらず、それを実行できていませんでした。それはなぜなのかと考えてみると、「本当の意味でその大切さに気づいていなかった」からだと思います。

バッカーズでは、経営者講話で実際に経営者の方からお話を聞いたり、企業訪問や合宿で自分の目で見て、耳で聞いて、感じるという体験をしました。こうして自分で実際に体験する中で、なぜ「自己管理能力を持つことが大切なのか」ということを考えたり、「自己管理能力がなかったらこうなる」ということに「気づき」ました。

バッカーズに入塾する前までは漠然と「大切なことだ」としか考えていなかったことが、バッカーズに入塾してから「本当に大切なことだ」と気づくことができ、「自分で気づくこと」が大切なのだと感じました。

また、気づくためには、なぜそのことが大切なのかと考えることや、他の事柄と比較して考えることが重要なので、物事を深く、つきつめて考えるようにもなりました。一つの物事に関して長い時間、深く考えることは、勉強をするときにも重要な能力だと思いますし、深く考えることで集中力もつくと思います。

そして、気づいたことを書き残していくことが何より重要だと感じました。いくら自分で気づくことができても、人間は忘れる生き物なので、何に気づいたのかも忘れてしまいます。だから、バッカーズではメモをとるという習慣も学びましたし、自分が感じたことをメモとしても、毎回のレポートとしても残していきました。

こうして目で見て分かる形で残すことで、後から見返して、何に、どのように気づいたのかが分かり、そのときの記憶が蘇ってくるので、書いて残すことは本当に大切なことだと学ぶことができました。

物事を深く考え、気づき、書いて残すことで、その気づいたことを初めて実行することができると思います。」（中３・女子）

バッカーズ寺子屋での学びは、「気づくこと」を最も大切にしています。なぜなら、与えられたものは、すぐに忘れたりして失われていくものでしかないからです。しかし、自分で「気づいたこと」は、「自分でつかんだもの」であり、「自分から取りに行ったもの」ですから、自分の大切な財産になっていきます。だから、色々な知識を「与える」のではなく、「気づく」学びを大切にしています。

そのために、毎回の講座の後で書いてもらうレポートのテーマは、常に、「今日の講座で、私が感じたこと、気づいたこと、学んだこと（考えたこと）」です。経営者講話でも、「経営者講話をうかがって、私が感じたこと、気づいたこと、学んだこと」ですし、企業訪問をしても「私が今日の企業訪問で、感じたこと、気づいたこと、学んだこと」です。合宿に行っても、「今回の合宿で、私が感じたこと、気づいたこと、学んだこと」です。

こうして、同じ問いを常に投げかけていくことで、塾生たちは「感じたこと、気づいたこと、学んだこと」は何かを、講座の最中の一瞬一瞬にも、常に意識するようになります。この意識が、質問する力、発言する力を伸ばしていきます。ちなみに「学んだこと」というのは、得られた知識のことではなく、「どのようなことを考えたか」です。知識はネット上にいくらでもあります。大切なことは、様々な知識を活用して、自分の考えを確立することです。それを塾生たちはしっかりと理解しています。

講座中にも新しい知識はどんどん出てきますが、バッカーズ寺子屋では、学校の授業やテストのように、知識が問われたり、正解を求められることは特段ありません。そうした知識を活用して、自分の考えを持っているかどうかが、最も大切なこととして問われるのです。

また、意見を言ったり、書いたりする時に、バッカーズ寺子屋では、大人が喜びそうな美辞麗句は歓迎されません。拙くとも良いので、自分の感じたこと、気づいたこと、考えたことを、自分の言葉で表現することが何よりも大切にされます。

子どもたちは、最初、そのことに戸惑いますが、どんな発言でも受け入れられ、フォローされる空気の中で、あるがままの自分自身を出して良いのだということに気づいていきます。

また、学びの過程で、「失敗するチャンス」を子どもたちから取り上げないことも大切です。比較的時間のある合宿の中では、塾生たちが、色々とやってみて、失敗して、そこから考えて気づいていくことが大切なのです。人間は失敗を経験して、そこで考えるから気づくことができるのです。

「これをしてはいけない。あれをしてはいけない」という禁止型の指導を失敗する前に先回りしてやっていれば、塾生も特に失敗はせず、時間のロスもなく、一見、スムーズな教育活動に見えると思います。企業訪問や経営者講話やその他の体験の場面でも先回りして指導していけば、経営者の方や、社員の方々の前で、塾生が失敗することもなく、私も含め恥ずかしい思いをしなくてもよいかもしれません。しかし、それは教育の本質ではないと思います。

私はその場では余程のことがない限り注意はしません。（余程のことや、その場で制止

すべきことがあれば激しく怒ります。あえて、叱るではなく、怒ると表現しています。偽りのない感情も教育的なものだからです）

しかし、普段は起きたことを克明にメモしておき、教室に戻って事後の振り返りをする時に丁寧に話をします。その発言や行動がなぜ良くないのか、周囲の人たちにどのような感情を引き起こし、どのような影響を与えていたのかなど、具体的に塾生全員の前でオープンに話をしていきます。他の塾生からの意見も求めていきます。そうして、初めて自分の言葉と行動の意味に気づいていくことができるのです。

何かしでかした時に感情にまかせて、怒ったり、叱ったりするのは、ある意味簡単です。また、どのように振る舞うべきかを事前に教え込んで、その通りに話し、行動させることも簡単です。しかし、「教育」として、子どもの視点に立って考えてみると、それでは何も身につかずに終わってしまいます。

真剣に叱ることは大切であり、大きなエネルギーを必要とすることです。ただし、「叱ること」イコール「指導すること」、あるいは「叱ること」イコール「教育」ではないと思います。褒めようが叱ろうが、結果として、子どもが深く「気づく」ことが教育であり、成長だと私は思います。「褒めること・叱ること」は、教育の手段ではあっても目的ではないのです。

私たちが本当に人間として成長できるのは、「気づいた時」だけです。本当に大切なことに気づいた時に、人は大きく伸びていきます。また、失敗し、その原因を考えて、なぜそれが良くないことなのかが、本当に身にしみてわかった時に、つまり、気づいた時に、その過ちを二度と繰り返さない力を習得できます。そこで自分の判断力も身につきます。気づく手伝いをすることが、指導者の大きな役割なのです。

そして、深く気づくためには、体験して気づいた後に、「書く」ことが大切です。「書く」ことは「考える」ことそのものだからです。自分が気づいたことを言語化し、自分の考えを客観化していくことで、更に自分の考えが明確になり自己が確立されていくのです。だから書くことの手間を惜しんではならないと思います。これは大人も同じです。

このレポートを書いてくれた塾生は、バッカーズに入塾する前から、「志を持つことの大切さ」や「自己管理能力を身につけることの大切さ」について知っていたにも関わらず、それを実行できていなかったと言います。それはなぜなのかと考えてみると、「本当の意味でその大切さに気づいていなかったからだ」と書いています。

このレポートは「気づく」ことの大切さを、実に的確に表現しています。更に「気づくためには、なぜそのことが大切なのかと考えることや、他の事柄と比較して考えることが重要」ということに、それこそ「気づき」、物事を深く、つきつめて考えることが大切だと書いています。

また、「一つの物事に関して長い時間、深く考えることは、勉強をする時にも重要な能力だと思いますし、深く考えることで集中力もつく」ことにも気がついています。

私が「考える力を身につけることが大事だ」と、口を酸っぱくして何回も言ったところで、大して意味はありません。本当に考える力が身に付くとはどういうことなのかに、自ら「気づく」ことができて、初めて「考える力」を身に付けられるのです。そのことをこの塾生の言葉は的確に語っています。

自分で考え、自分で行動することが、これからの人財にはとても大切だと思います。そのために何が必要か。「物事を深く考え、気づき、書いて残すことで、その気づいたことを初めて実行することができる」という塾生の言葉には、行動するために必要なことがしっかりと書かれています。

人間が成長するということは、行動が変容することに他なりません。それは、時と共に、人として正しい行動、立派な行動をとれるようになることです。この塾生は、行動を変容させるためには、「考え、気づき、書き残す」ことが大切で、その習慣が確立されて初めて行動の変容につながると理解しています。このレポートの言葉は、全て塾生が自ら気づき、感じ取り、考えたことです。つまり、自分でつかみ取ったものです。そうしたことを実現していくことができる学びの場に、私は大きな価値があるのだと思っています。

②「疑問を持つ力」を育む

バッカーズ寺子屋で大切にしていることの一つに、「疑問を持つ力」を養うことがあります。これは、考えながら話を聴く習慣が身につくと共に高まっていく力でもあります。情報を「鵜呑みにしないこと」の大切さは、メディアリテラシーともつながる部分ですが、ここではまず、塾生がどのようにして「疑問を持つ力」を獲得しているかを見ていきたいと思います。

「バッカーズ九州寺子屋では、学校では習えないようなことを学べる魅力があります。それはとても面白いですが、学校で習っていないので、当然わからないこともたくさんあります。だから調べる必要があります。経営者講話では、必ず、終わった後に質問の時間があります。僕は全ての経営者講話を受講していますが、全ての経営者の方に質問することができませんでした。なぜなら、例えば、「一八五三年にペリーが来た。大事だから覚えなさい」と学校では言われたことだけをそのまま覚える癖がついていたからです。もちろん、経営者の方の御講話は、全てが大事だから、全てインプットしなければなりません。「ここを質問しよう」と事前にホームページなどでたくさん下調べが必要だったと思います。本当に人の話を聴くということは、その話だけに集中し、何らかの疑問を持つということです。経営者講話では、正しい話の聴き方、そして、自ら下調べをして、疑問を持つ大切さを教えていただきました。」

（中1・男子）

「そのまま覚える癖がついている」ことが、「疑問を持つ」意識の芽を摘んでいるのだという記述に、改めてはっとさせられます。私の中学・高校時代も、いわゆる「暗記教科」と言われるものは「覚えれば良い」という雰囲気がありました。だから、歴史にしても、その事件が、なぜ起こったのかを、様々な方向から考えるという意識はほとんどありませんでしたし、ここで彼が指摘したように、そのことが「疑問を持つ力」を育む阻害要因となっていることに気づいていませんでした。

たしかに、「そのまま覚える癖がついている」から、「疑問に思えない」し「質問も出てこない」状態になってしまうのです。

勉強することの定義が、「正解となる知識を暗記すること」「問題を解き正解を出すこと」だと思っていれば、「自分の考えや意見を確立する」という、大変な労力を要することは、できるだけ避けたくなります。受験という目の前のことに対してメリットはあまりないからです。しかし、学ぶことの本当の意義の一つは、やはり、「考える力を高めること」であり、「自分の考えを持つこと」だと思います。だから、質問が出せるように、常に「なぜ？」ということを考えて学ぶことが大切です。

考えていない状態では質問は思い浮かびません。ではどうすれば良いのか。「考える」ということは実はシンプルです。一つ目は、「なぜ？」と繰り返し問い続けることです。二つ目は「較べること」です。

因果関係を常に意識して「なぜ？」と問い続ける習慣や、他の知識と較べて違いに気づくことで、様々な疑問が生まれてきます。この二つのことをいつも意識していれば、次第に質問が頭に思い浮かぶようになり、発言できるようになっていきますし、因果関係を問い続ける姿勢も身についていきます。それは、社会人になってからも活かされていく大きな力です。

例えば、「なぜペリーは日本に来たのか」を考えていくと、当時、アメリカが捕鯨国であったこと、日本と違って捕鯨の目的は鯨油をとるためであったこと。また、食料や燃料不足の際に、あるいは船員の病気治療の場として、更には荒天時の避難港として、日本に寄港地が欲しかったこと。その他様々な、ペリーが日本に開国を迫った理由が見えてきます。

そうした因果関係を問い続ける姿勢が、学問をする上では大事であり、また、社会に出てからも非常に大きな力となります。例えば、なぜ、A国は親日的な人たちが多く、なぜ、B国は反日的な人たちが多いのか。様々な歴史的経緯とその因果関係を学んでいくことで、少しずつ相手の立場が見えてくるのです。もちろん自国の立場も。

今日においても、相手を理解するために、その国の歴史（他国の歴史）を知ることは非常に大切なことですし、また、自国の歴史を知っておくことも大切です。戦争にせよ、発明にせよ、発見にせよ、歴史上の事柄には、それが起きた理由が必ずあります。「なぜ?」と疑問に思うこと、因果関係を考えることを大切にして欲しいと思います。

次に、自分の頭で、何が大切かを判断して欲しいと思います。授業中に先生が「ここは大事だ」と仰ったとします。その意味は主として、「ここはテストで出るから大事だ」という意味合いと同じです。それ以上に、なぜそれが大事なのかという理由はないわけです。しかし、実際に社会に出れば、また、バッカーズ寺子屋の経営者講話のような場面では、「大事なこと」とは、「自分が大事だと感じたこと」であったり、「人間にとって、社会全体にとって本質的に大事なこと」という意味です。それを学び取っていくには、何が大事かを自分で判断できる力を日頃から養っておく必要があります。そのためには、「常に自分で問題意識を持つ」ということが、前提としてなければならないのです。

次に、「わからないことがたくさんあるから下調べをしなければならない」と彼は述べています。バッカーズ寺子屋の経営者講話には、本当に大切な学びがあると感じているからこそ、社長さん方の話は難しいけれども、しっかり学びたい。そのためには、下調べ＝予習が大事だと考えている気持ちが伝わってきます。こうした考え方と学ぶ姿勢を持ち、実際に行動していくことが私は大切だと思います。

学校では、「予習・復習が大事だ」とはいうものの、どうしてもやらされている感じになってしまいます。それは、学校というシステムの中で学んでいく以上、やむを得ない面もあると思います。しかし、人が成長していくのは、やはり自発的に学ぼうとする意欲を持った時です。

自ら主体的に学ぼうという意識を持てれば、自然と予習をしようという意識にもなるし、難しいことであっても理解したいと思うようになるのです。だからこそ、私はそんな体験を一度でも良いから、是非、経験して欲しいと願っています。それが「向学心」につながっていくのだと思います。

③「利他の心」を育む

バッカーズ寺子屋の教育の柱はバッカーズ少年教育10原則です。この10のプリンシプルの7番目は、「人のためになろう、国のためになろう、世界のためになろう」というメッセージです。

今、大人たちも非常に利己的な人が増えていると思います。「自分さえ良ければいい」「自分だけ損をしたくない」「みんなずるいことをしているのに、私だけが不利益を被るのは理不尽だ」「誰にも迷惑かけていないから、私の勝手だ」そうした考えがあちこちで見受けられます。

しかし、自分の利益のみを追い続け、損得で物事を判断する人たちが増えていけば、社会全体がギスギスした余裕のないものになってしまいます。

人は支え合い、助け合って生きていくから人間なのだと思います。相手のことを思いやり、二度とない人生を社会全体のために生きていく人たちがいたからこそ、これまで人類は繁栄してきたのです。

バッカーズ寺子屋を支えて下さっている経営者たちは、自分のビジネスも大切にされていますが、社会貢献をしていこうという強い想いも持っています。その気持ちも、自社の製品やサービスを通して、人々に喜んでもらいたい、幸せになって欲しい、豊かな社会を作っていきたいという願いも、つまるところは「利他の心」です。

永続的に成功し続けている会社は、そうした思いが経営理念の根底にあることを感じます。勿論、仕事に対する厳しさは強烈にあります。しかし、そうした「利他の心」が根底になく、ただ儲かれば良いという考え方では、仕事もうまくいかなくなるし、多くの人たちの幸せを生み出すこともできないと思います。

こうした「利他の心」について、塾生はどう捉えたかを紹介します。


「僕がバッカーズの一年間で考えてきたこと、それは、楽しい人生とは何なのかということです。

バッカーズでいろいろな人の話を聞いたり、いろいろな映画を見たりして人生のことをたくさん考えました。そして僕は、楽しい人生に対する考え方が変わりました。

僕は、バッカーズに入るまでは「自分が死んだらすべて終わるのだから周りの人のためではなく自分のためにとにかく楽しく生きる人生がいい」と思っていました。でも、今は「誰かのために行動をしてたくさんの人の笑顔を見ることの出来る人生がいい」と思います。

なぜかというと、僕はバッカーズでみんなが笑顔で、みんなが笑っていることの楽しさを知りました。だから、これからはたくさんの笑顔を見るためにたくさんの人のために行動します。本当に楽しい一年間でした。ありがとうございました。」

（中１・男子）

彼が最初に考えていたように、「自分が死んだらすべて終わるのだから周りの人のためではなく自分のためにとにかく楽しく生きる人生がいい」というのが、多くの子どもたち、大人たちの本音なのかもしれません。

しかし、刹那的に今を楽しく生きていこうとするのは、やはり、人生の目的、目標、志といったものがないからではないでしょうか。

たしかに、それを考えるのは難しいことです。次の世代のことを考え、日本という国の未来のことや、世界のことを考えていくのは、とても大変で面倒なことでもあります。

しかし、みんなが自分のことしか考えず、与え合うのではなく、自分のことだけを考えて、奪い合うような社会は、決して幸福な社会だとは言えないと思います。

利他の心は、そうあるべきだという理屈を教えるから育つのではなく、それが楽しく素敵なことだと心から感じることで育まれるのだと思います。

彼は、今は「誰かのために行動をして、たくさんの人の笑顔を見ることの出来る人生がいい」と思う理由として、「みんなが笑顔で、みんなが笑っていることの楽しさを知ったこと」を挙げてくれました。

こうした、一人ひとりがお互いのことを思いやり、楽しい笑顔にあふれる体験を子どもの頃にたくさんすることが大切なのだと思います。

もう一つ大切なのは、「利他の心」で生きている人たちを間近で見ることです。そうした人たちは、自分の考えをしっかりと持ち、人に流されず、広い視野と志を持ち、実際に行動している人たちです。そうした人との出会いが、何より大きな刺激となり、「利他の心」の大切さを感じ取ることにつながるのだと思います。

そのような感想を、別の塾生は、次のように書いています。

「学校は、義務教育だから来ている人ばかりで、面倒くさがったり周りに流される人が多いけど、バッカーズは、「人の役に立とう、日本や世界の役に立とう」と同じ方向を向いている人たちばかりだから、周りに流されずに自分の意見や考えを主張し合えました。また、積極的に体験することの大切さを学びました。

経営者講話では、知らなかった世界の広さとか、麻生会長をはじめとする方々は常に目標や志を持って、やるべきことをやっていることも学んだし、こんな方々が支援してくれるおかげでバッカーズ寺子屋が成り立っていることもわかりました。」

（中１・女子）

バッカーズ九州寺子屋・支援者の会の副会長を務めて下さっている、明太子のふくやの川原正孝会長は、講話の中で、「湯船の話」と「運のいい人」の話をよくして下さいました。

「湯船の話」とは、川原会長が小学生の頃、何かを独り占めしようとしていた時に、お父様（明太子を作った、ふくや創業者・川原俊夫氏）にお風呂で教えられたことだそうです。

「湯船のお湯を全部自分の所に持ってこようとすれば、自分の脇をすり抜けて、お湯は全て向こうに行ってしまう。お湯を向こうに押してやると、結局、お湯はお前の所に戻ってくる」

つまり、人に何かを与えていくことで、結局、自分自身も豊かになっていくという教えです。そして、この言葉の後には、「ただ、見返りをはじめから期待して、相手にしてやろうと思ったらつまらんぞ（だめだぞ）」という言葉も付いています。お客様を心から大切に思う利他の心が、結果として、会社や社会全体に大きな豊かさをもたらしてくれるということを、私たちは人の生き様として学ばせていただくことのできる幸運に恵まれています。

次に、「運のいい人」の話とは、ある時、川原会長が、「どうして会社はうまくいったの？」と、お父様に尋ねると、「運が良かったから」と答えられたそうです。それに対して、「運はどうしたら良くなるの？」と聞いたら、「運のいい人と付き合うことだ」と言われます。更に、「運のいい人とはどんな人なの？」と尋ねると、お父様は、次のように答えたそうです。

「たとえばここに饅頭があって、二人で分けるとする。二つに割った時に、大きい方を何も考えずに相手に渡せる人が、運のいい人だ」と。

饅頭を二つに割ったその瞬間に、どちらが大きいかはすぐに感じ取れると思います。あるいは、同じぐらいにたまたま割れたとして、どっちが大きいかな?と確かめる心も生まれると思います。

その刹那に、間髪入れず、相手に大きい方を渡す心を持つためには、日頃から、相手を大切にし、相手を優先する心が磨かれていなければできないことです。

この二つの話は、いずれも「利他の心」の大切さを物語ったものだと思います。

こうした心を持った経営者たちに話を直接うかがい、また、その人たちが、どれほど地域のために、時間とお金を使って様々な努力をしているかを知ることで、子どもたちの心にもまた、「利他の心」の灯火（ともしび）が灯（とも）ることを感じます。

最後に、もう一人、塾生の言葉を紹介します。

「僕は、学校の授業ではあまり積極的ではなく、質問や意見を述べず、どちらかとい

う と消極的な方でしたが、バッカーズで積極的に何かをすることの大切さに気付き、今では自分の意見を述べ、わからないことがあったら質問することができるようになりました。

また、今まで僕は「誰かのために何かをやろう」と思ったことがあまりなく、大体は「自分のために何かをする」ことが多かったのですが、バッカーズで皆のために何かをするということを何度も繰り返し学んだ結果、誰かのために何かをすることを意識するようになりました。

誰かのために何かをすると、相手だけではなく自分も良い気持ちになることに気づきました。」（中2・男子）

この塾生レポートの最後には、「誰かのために何かをすると、相手だけではなく自分も良い気持ちになることに気づきました」とあります。

私が思っている以上に、今の子どもたちは、「利他の精神」を学んだり、そうした生き方に触れたりする機会がないことを感じます。多くの大人たちが、「我執」に囚われ、損をしたくないと思いながら、日々を過ごしていることの反映なのかもしれません。それではあまりにも殺伐とした世の中になってしまいます。教育の力で何とかしたいところです。大切なことは、「利他の心」もまた、理屈で教育できるものではないということです。それを伝えてくれる人の人格や行動と相まって、感じ取ることのできるものです。ここに教育の難しさがあるのだと思います。

④「自分と向き合う力」を育む

自分は将来どんな仕事をしたいのか、どんな人間になりたいのか、どんな生き方をしたいのか、つまり、どんな志を実現したいのかという問いに、人はいつか向き合うことになると思います。

しかし、一時的に向き合っても、結局そこから目をそらして人生を終わる人もたくさんいます。「そこそこで良い」と思っている人たちにとっては、自分と向き合うことは苦痛でしかないからです。

でも、酔生夢死の人生で良いと思わない人たちは、いつかは、その問いと向き合わなければならない日が必ず来ます。

しかし、それを先送りしてしまう仕組みが日本の教育界ではでき上がっていると思います。「将来の夢や志を考えるのも良いけど、この成績だとどこにも進学できないよ。現実を見なさい。勉強しなさい」と先生や親に言われ、受験勉強に力を注いで、偏差値によって自分の進路を選択していくシステムになっているからです。

何のために学ぶのか、何のために働くのか、自分には何が向いているのか、そうした問いはいつも先送りされ、気がついたら社会人になっています。

しかし、本来は、自分の人生の目的があって、様々な目標が生まれ、進学という具体的な手段が必要となるはずです。

自分の志を見つけるためには、「自分と向き合うこと」がどうしても必要です。自分の目指したいものは何か。力が足りなければどのようにして補うのか。

そのことに対して、誰も正解を教えることはできません。

だから、自分と向き合い、自分で考え、自分で答えを出すしかないのです。

しかしながら、子どもたちの慌ただしい生活の中では、自分と向き合い、自分の将来について、深く考える時間を持つことは難しくなる一方です。自由な時間ですら、ＳＮＳやゲームなどで、慌ただしく過ぎていくばかりです。

しかし、自分と向き合うことで、人は自分の志を立てることができ、日々を充実したものにすることができるのだと思います。

そのことに気がついた塾生のレポートを紹介します。

「そしてもう一つ、自分を見られるようになったと思います。それは、先述していた他人に対する洞察力よりも進化したと思います。それ以前に、ここ最近まで自分をしっかり見たことがなかったと僕は感じています。

その大きな起点になったのが萩往還を歩いたことと、その合宿中に体験した座禅でした。本当に最近です。自分でもびっくりです。

さて、なぜこの二つがきっかけになったのかというと、この二つには共通した理由があります。それは、どちらでも静かな時間を体験したからです。

僕たちの世代は、どんなところにいても人が生み出した音を聞いて生きています。車の排気音やテレビ、人のしゃべり声。数えていたらきりがありません。そんな中で静けさを感じることがあると思いますか？　もちろんないです。

もっとも、僕はゲームや音楽が好きなので、自分から騒音の中に飛び込んでいっている節はありますが、それを除いても全くと言っていいほどないです。

それゆえの衝撃でした。木の葉が風で擦れ合う音、水の流れる音、小鳥のさえずり。それだけです。他は何も聞こえてきません。そんな中だからこそ、自分についてゆっくり考えられるようになったのだと思います。

他人を思いやる、自分と向き合えるというのはとても大切なスキルです。これは僕の中学時代の担任の先生の言葉なのですが、「人材から『人財』になれ！」というのがあります。『人財』になるための一歩を、この二つの成長で踏めたと思います。」

（中３・男子）

彼は、「他人に対する洞察力」と、「自分と向き合う力が上がったこと」の二つを、自分自身の成長として捉えています。

他人に対する洞察力が上がったことについては、「入塾前からも、他人の手伝いや気遣いは積極的にしていた方だが、その質が上がった」と彼は言います。「自分には曾祖母が二人いるのですが、そのどちらからも、『前よりも頼りになる』だとか、ちょっと照れくさいですが、『男として成長してる』といった自分の成長を記す勲章のようなとても嬉しい言葉を頂いています」と書いています。それに続く部分が、ここに紹介したレポートですが、この「自分と向き合う力」が私は非常に大切だと思います。

なぜなら、自分自身と向き合うことは、自分の人生の志を立てる上で必要不可欠なことだからです。しかし、つらいことでもあります。弱い自分、怠けている自分、力不足の自分、だらしない自分、ｅｔｃ．そうした自分を直視しなければならなくなるからです。

そこから誰だって目を背けたくなるし、逃げたくもなるでしょう。また、慌ただしい日々の生活の中に逃げ込めば、それなりに忙しいし、やるべきことはいくらでもありますから、自分と向き合わなくて済むし、考えなくて済むのです。

けれども、その弱い自分と向き合わなければ、人は自分の志を立て、日々を生き生きと生きていくことはできません。そこから目を背けることは、一時的なその場しのぎにはなっても、目を背け続けていれば、決して主体的な人生を送ることはできないのです。

「自分と向き合う」ということに対して、「静寂な時間」は、大いに私たちを応援してくれます。この時間は、人間が深く考えるためにも大切なものだと思います。

彼のレポートを読むと、私たちが子どもの頃以上に、今の子どもたちは慌ただしく、いつも喧噪の中に身を置いていることが想像できます。

「それゆえの衝撃でした。木の葉が風で擦れ合う音、水の流れる音、小鳥のさえずり。それだけです。他は何も聞こえてきません。そんな中だからこそ、自分についてゆっくり考えられるようになったのだと思います。」

このくだりは、私の方こそ衝撃でした。それほどまでに静寂な時間を持つことが失われているのかと思いました。そして、なぜ、「志を立てる」ことが難しくなっているのか、なぜ、子どもたちは「自分と向き合うことをしないのか」について考えていく、大きな手がかりとなりました。

もう一つ、自分と向き合うことの大切さを教えてくれるレポートがあります。前のレポートとは違う切り口で、様々な人と出会い、人を鑑とすることで、自分と向き合うことを学んでいます。

「僕は今まで学校で楽しかった経験がほとんどありません。なぜなら、それぞれを認め合うことができる同級生がほとんどいなかったからです。なぜ、一人一人を認め合うことができなかったのでしょうか？　答えはここにきてわかりました。先生です。

どんな学び舎でも必ず先生がいる。そして、その先生こそが今の僕たちを変えるきっかけをくれる存在なんだと。

先生は常に何かを教えてくれます。人生のためになることや、知識や、ルール、そして悪いこととは何かも。つまり、この国やこの世界にとって、先生という存在は本当に重要だということです。

では、もしもその先生が「就職活動で落ちたから」、「先生という響きがいいから」、「公務員だし教育学部に入れば絶対に入れるから」……こんな理由で教務員資格を取った先生だったらどうなってしまうでしょう。その先生が最初はこのような理由であったにしろ後々自分の職業の重要性を理解することができたならまだいいです。しかし、最初の理由がすべての先生が子供たちに何かを教えようとしても、子供たちには何も伝わらず、信用はなくなり、意地の悪い子供たちやそのターゲットになる子供たちが増え、被害を受けた子供たちは本当の原因が何か理解することすらできずに大切な「こども」としての時代を終えてしまうことになるでしょう。一時期、「感情」というものを失った僕のように。

こんな話を聞いたら、今の学校に不信感や疑う気持ちが出てくる人もいるはずです。

僕がバッカーズ九州寺子屋に行って最初のころはこの気持ちでいっぱいでした。木村先生をはじめとして、濱井先生（塾長補佐）や経営者の方々のお話を聞き、本当の原因は何だったのか、泣きたくても涙が出ないで悩んでいたのはなぜだったのか、いやなことをされるのに慣れたと言ったのはなぜだったのか、そのすべてを理解しました。

しかし、そうは言っても、もう終わったことですし、どうせならその経験をもとに自分を成長させることができなければもったいない、そして、何も成長することができなかったら過去に頑張った自分があまりにもかわいそうだ、そう思ってうじうじ考えるのをやめました。そして、そう思うきっかけを与えてくれたのは紛れもなくバッカーズ九州寺子屋です。

バッカーズ九州寺子屋がすごく居心地がよかったから、自分の好きな歴史が役立ったから、自分の知識を話したらほめてくれたから、こんなポジティブな気持ちが確かに、自分の閉ざした心を開けるカギになりました。

自分の心の扉が再び開いたときはとても気持ちよくて、とても混乱しました。自分がようやく扉を開けられたのに、思いつくのは自分の反省点、悪かったことばかりだからです。いやになって逃げたことも何度もありました。しかし、目の前のことから逃げてはいけない、このことを僕はバッカーズ九州寺子屋で学びました。だから、僕はだんだんと現実を受け入れることができるようになりました。

そして、自分について学びました。いかに自分がずるかったか、欲張りだったかに気がつきました。もしかしたら、自分のちょっとした動作が相手にとってはいやだったかもしれないこと、それなのにすべて責任を先生に押し付けていたこと。どんなにひどい先生とはいえ一人の人間です。自分が望む通りの人間などほとんどいないと思います。だからその一人にすべてを押し付けてはいけない、一人の人間として見ることができていなかったとわかりました。

バッカーズで学んだことは本当にたくさんあります。僕の志とは何か、そのためにはまず自分を見つめ直す必要がありました。自分とは何か、そのためにまず現実を見なくてはなりませんでした。

そして、現実を見るためには過去の出来事ばかり見つめるのをやめて今と未来を見なければいけませんでした。今まで僕は過去の振り返りと自分の気づきを書いてきました。

そして、今改めて感じたことがいくつかあります。一つ目は僕自身がポジティブな思考になっているということです。なぜなら、今と未来を見つめるということは先の希望に目を向けるということです。つまり、自分は今確かに明るい気持ちを持っているということです。そして、もしバッカーズで学ぶことができなかったらこの気持ちを持つことはできなかったはずです。自分を認めてくれる友達がいて、自分自身も友達、それも全員を認め合えることができる場所。こんな明るくて居心地のいい場所だったからこそ、自分の気持ちを切り替えることができたのだろうと思います。」

（中１・男子）

彼は、「志を見つけるためには、まず自分を見つめ直す必要があった、過去の自分、現在の自分と向き合い、未来を見つめることが必要だった」と言います。そして、「そのことを通して、ポジティブになることができた、明るい気持ちになることができたし、友だちとお互いを認め合う関係になれた」と言います。自分と向き合うことで、自分にも周囲にも、様々な変化が起きてきたのです。深く悩みながら悶々として学校に通っていた彼は、そのことが嘘のように一年間で人間として大きく成長しました。そして、今、海外の学校で学んでいます。そこには、「自分と向き合う力」が大きく関係しているのだと感じます。

⑤「自分らしく生きる力」を育む

同調圧力が強く働いている日本の学校では、自分らしく、明るく、伸び伸びと過ごしていくことが、なかなか難しいようです。

しかし、自分らしくあることは、その人の大きな成長につながります。自分を認め、他人を認めることのできる場所では、お互いが発言し合い、新しいものの見方・考え方に触れ、良い刺激を与え合い、共に大きく成長していくからです。

自分の考えを伝えることができ、相手の考えを受け止めることができるから、人は更に高い次元の考えにもたどり着くことができます。切磋琢磨することの大切さを、もっと多くの子どもたちに届けられたらと思います。それが将来、社会全体の閉塞感をも打ち破ってくれることにつながるのではないでしょうか。

そのことについて、一人の塾生は次のように感じ取っています。

「先述した「個を大切にする」というところから成長して、できるようになったことがあります。それは、「隠さずに自分の素を出せるようになった」という点です。

今まではというと、集団の中に隠れることに専念して生きてきて、目立たないように、目立たないようにと、表立って活動することはほぼありませんでした。

自分ひとりの時か、本当に気の合う友人、そして親の前でしか素を出すこともありませんでした。ですが、これもバッカーズでできた仲間たちによって変わりました。

なぜなら、同じような悩みを持っている人がたくさんいたからです。学校で意見を言ったり、積極的に行動しようとすると、馬鹿にされ、押し込められる。自分だけだと思っていたことを、「同じだ」と言ってくれて、意見を共有できる環境は、とても新鮮で、とても楽しかったです。

そして、同じ境遇の人と話していると、不思議なことに、自分をさらけ出すことに何の抵抗もなくなっていました。

もちろんそれは、バッカーズ九州寺子屋の中だけでなく、学校でも普通にできるようになりました。どんな人とでも関われるようになり、積極的になったことで、今度、学校である学園祭でも、自分が出した意見が反映され、出店の内容を決めることができ、学校内でブックマネージャーという役職にも積極的に立候補できるまでになりました。

自分の夢である学芸員になることも誰にも包み隠さず言えるようになり、先生方からも、その職業に就くためにはどの学部のどの学科に行けばいいかを教えて頂けるまでつながりを大きくすることができました。

少しでも自分に自信をもって生活することで、ここまで周りが変わるのか、と「相手を強引に変えることはできないが、自分が変われば相手も変わる」という言葉の意味を実感しました。

今までは、やりたいことはとことんやるけど、その代わりに歯止めが利かなくなるし、他に無関心になってしまう、という人間でした。だから、やりたいことをするためにも、頭の柔軟性を上げて、自分を出しつつ、どうすれば周りに納得してもらえるか考え、巧みにそれを伝えることができる、少し強欲で、それでもって謙虚な人間になろうと思います。

この一年間で、僕はたくさんのことを学び、感じることができました。一番最初にも書きましたが、とても、本当にとても濃密な一年でした。これ以上濃くすることはできないと僕は思っています。

では、最後に僕の志について書こうと思います。僕の志は、学芸員になり、昔の僕のように、化石や恐竜、歴史に魅せられた子供たちに夢を与えることです。この志を立てることができたのもバッカーズ九州寺子屋のおかげです。人生を変えてくれた場所です。本当にありがとうございました。」（中３・男子）

「学校で意見を言ったり、積極的に行動しようとすると、馬鹿にされ、押し込められる」だから、「集団の中に隠れることに専念して生きてきて、目立たないように、目立たないようにと、表立って活動することはほぼない」。

そんな小中学生が全国には大勢いると思います。お互いに高め合えるはずの場所が、お互いに牽制し合い、顔色を窺い、成長の足を引っ張り合う場になっている。実に残念なことですが、それが多くの学校の現実なのかもしれません。

なぜならこの意見は、他の塾生たちも同じように書いているからです。

もう一人、別の女子塾生のレポートを紹介します。

「バッカーズ寺子屋に入塾して一番驚いたことは、「みんな違ってみんないい」が成立していることです。これはいろんなところで言われていることですが、きれいごとだという考え方もあると思います。私も前まではそう思っていました。なぜかというと私自身がみんなと違っていて、それがとても恥ずかしいことだと思っていたからです。

まだ年齢を四捨五入したら0になるくらいのころはそんなことを思ってはいませんでしたが、だんだん周りが見えるようになると周りにいる人が自分のことをどう思っているかが嫌でも分かるようになり、恥ずかしさを感じることが多かったです。

これは私だけが思っていることではないと思います。学校で挙手を求められたときのあの空気感、意見を言う人への冷やかしや苛立ちの声。これらは誰もが見たり感じたりしたことがあるのではないでしょうか。

学校は人柄や顔、好きなこと・ものが違う人がたくさんいる、みんな違ってみんないい場所ですが、その「みんな」の中に入ることが苦手な人は例外なのだろうなと私はいつも考えていました。

しかし、バッカーズは少し違いました。なぜなら塾生は出会った時点で共通していることが少ないからです。年齢や住んでいるところなどが違うだけで、私が普段接している人たちとは、話すことや興味を持っていることが全然違います。バッカーズのシステムはお互いがお互いのことを、自分とは全然違うなと思うから成り立っている部分もあるのではないかな、と考えました。

また、バッカーズと学校の大きな違いの一つに、集団らしいかどうかというのがあると思います。学校では、私たち子どもは「集団」として見られます。でも、バッカーズでは、私たちは集団と言うより個人の集まりとして見られているような気がします。どちらの方が優れている、劣っているという話ではありません。

ただ、私はバッカーズでいろいろな経験をしたことで、集団の一部だけではなく、個人としても活躍できる人になりたいと思えるようになりました。きっとこの変化は、入塾をせずダラダラと学校に通い続けた場合の私にはなかったはずです。

まだ学校でバンバンと意見を出せるほど成長したわけではありませんが、その勇気を踏み出せる人になれるように頑張りたいと思います。」（中２・女子）

二人に共通しているのは、バッカーズ寺子屋で自分らしく生きられるようになった時に、学校でもそれができるようになっていくところです。学校もまんざら悪い所じゃないなと思えるようになることです。

本当に自己肯定感を得ることができた時に、子どもたちはしっかりと自立の道を歩き始めるのだと思います。そのような場があれば、その力は他の場所でも活かせるようになるということです。

では、「自分は自分であって良い」ということを子どもたちが実感するためには、何が必要なのでしょうか。それは、その「場の空気」をどう作るかということにかかっていると思います。それはつまり、指導者の姿勢と、細かな一つ一つの言葉や、表情や、態度といった、あらゆる反応が、大切になるということです。そして、その根底には教師としての哲学が必要です。

発言した時に先生がどのような反応を示すのか、そもそも、発言の意義をどのように捉えているのか。それを冷やかす生徒がいた時に、どのように反応するのか。一つ一つが子どもたちから試されているのです。

そこに指導者の信念がなければ、たちどころに、ネガティブな空気感に支配されていきます。その方がみんな楽だからです。きちんと考え、自分の意見を述べることは、大変なことだとわかっているから、それをさせない空気を作りたいのです。

その空気は、学校だけでなく社会全体を覆っています。ＴＶをつけてみても、お笑いに主流の流れはあって、真面目にやろうものなら、「つまんない」とか、「真面目ぶって」という反応しか返ってはこないのです。そうした空気に負けないためには、よほど指導者の心の中に、確固たる教育哲学がなければなりません。指導者が本気で、そして、心から「みんな違って、みんな良い」と思っているかどうかが大切なのです。小手先でない、教師の人間観や教育観そのものが問われているのです。

もう一つ大切なことは、子どもに敬意を持つということです。指導者が子どもたちに敬意を払っていればこそ、どんな意見でも馬鹿にすることなく拾い上げて、その生徒が言わんとしたかったことを見出し、教室の中で全体に提供していくことが可能になります。

その反対に、生徒と一緒になって、発言した生徒を冷やかしたり、馬鹿にしたり、笑いをとろうとする所に、相手を敬う心は育ちません。また、信頼関係など生まれようはずがありません。

大人であれ、子どもであれ、相手を敬わなければ、相手もこちらを敬うことはありません。その意味で、私は教師が生徒を敬うことが、何より大切だと思っています。なぜ、敬うのか。それは子どもたちが、未来の日本や、未来の世界を支えていく存在だからです。私が教えられることなど、本当に大したことはないし、私の想像をはるかに超えて、子どもたちは大きく成長していくことに、私は確信を持っています。

二人目の塾生が書いているように、バッカーズ寺子屋では、学校も学年もバラバラの子どもたちが集まって学ぶから、同調圧力が働かず、自分らしくいられるのかもしれません。小4から中3までの異年齢集団で学ぶことへの危惧は初めの頃はありました。しかし、あっという間にその心配は払拭されました。お互いが学び合うことがスムーズにできているからです。中学生は、小学生たちが素晴らしい感受性を持っていることに気がつきます。小学生たちは中学生の理解力や面倒を見てくれる優しさ頼もしさに憧れ、敬意を払います。

バッカーズ寺子屋で学んでいる内容は、大人にも通用する質のものですから、学年の違いなどそう大した問題ではなかったのです。むしろ、同調圧力から解き放たれ、自由に意見を述べる姿から学び合うことで得られるものの方が、はるかに大きかったのだと思います。

⑥「自己を確立する力」を育む

「自己を確立する」ということは、教育にとっての大切な目標であり、その先に「志を立て、志に生きる」という、究極的な目的があると思います。

日本の一員として、世界の一員として、何を目指し、どのように生きるかを一人ひとりが考え、自分を成長させていくことが大切だと思います。

そのためには、⑤でも述べたように、大人が子どもを敬うことが大事だと私は思っています。敬うということは、子どもにこびへつらうことでもなく、迎合することでもなければ、叱らない教育をすることでもありません。むしろ、全く子どもを子ども扱いせず、社会の一員として、求められることをそのまま伝えることです。それは、困難な現実にあってなお理想を失うことなく、大人自身が高い到達点にまでたどり着こうとする言行一致の姿を示していくことでもあります。自己を確立しようと不断の努力をする大人の背中が、子どもたちの「自己を確立する力」につながっていくのだと思います。

小説『次郎物語』の作者、下村湖人は、次のような言葉を遺しています。

「子供は大人のまねをする。このことを大人が忘れさえしなければ、子供の教育はさほど困難なことではない。しかるに、世の大人たちは、ご苦労にも、子供たちに自分のまねをさせまいとして、いつも苦労し、それを教育だと思いちがいしているかのようである。」

（『心窓去来　補遺』池田書店）

「よき親でありたいと願う人々のために、私の用意している助言がただ一つある。それは、子供をその善悪に拘らず常にいたわってやるということである。

むろんそれは単なる技術であってはならない。それは、人間共通の弱点について十分な知識を持ち、自分自身そうした弱点の持主であることを深く自覚することから、自然に発散される感情の香気でなければならない。愛撫や、賞讃や、叱責や、教訓や、その他親としての一切の務めは、そうした自然な感情の香気に包まれてのみ真に生かされるであろう。この助言は、だから、つぎのようにいいかえることも出来る。人間性に無知な親は親ではない。人間として傲慢な親は親ではない。自己をいつわる親は親ではない。親もまた子供と共に人生不断の修行者でなければならないのだと。」（『心窓去来』池田書店）

「子供というものは、親にほんとうに信用されているという自信があると、めったにうそをいったり、かくれて悪事を働いたりはしないものである。また、自分が興味をもっていることに親も興味をもっているということがわかると、行動がいきいきとしてくるし、年齢相当に能力が認められ、それにふさわしい責任が与えられると、大ていの困難に打ち克ってそれを果たすことができるものなのである。このことは、世の親たちにつぎのことを教える。それは、子供をいかに教育するかを考える前に、子供をいかに遇するかを考えなければならないということである。」（『心窓去来』池田書店）

私は親の立場だけではなく、教師の立場としても、下村湖人の残したこのメッセージは、教育の核心を突いた非常に大きな意味を持つものだと思っています。「真似されるに価する自分であろうと努力し続けること。自分の弱さと向き合い不断に自分の人間性を磨き続けようとすること。子どもを信頼すること」そうした大人の在り方こそが、教育力の本質なのだと思います。

だからこそ、私はそのような大人であろうと努力をして、バッカーズ寺子屋の塾生たちと向き合ってきました。まだまだ、未熟で申し訳ないところだらけではありますが、きっとその姿勢自体は、少なからず子どもたちの心にも伝わっていくものなのだろうという感触を私は持っています。

そうした姿勢に対して、ある卒塾生は、次のような感想を残してくれました。

「私たち子どもに、子ども扱いしない大人の数は少ないと思います。事実、私たちは経験が少なく、親がいなければ生きていくことができないような、まだまだ小さな子どもです。

そんな子どもに対して、子ども扱いしないというのは難しいことなのではないかと思います。

そして、そんな子どもである私たちに対して、子ども扱いしないバッカーズ九州寺子屋のスタッフの皆様には、本当に感謝と尊敬の気持ちでいっぱいです。

真剣に向き合って下さって本当にありがとうございました。

バッカーズ九州寺子屋のスタッフの皆様のように、自分が子どもと接するようになった時には、子ども扱いせずに真剣に向き合っていこうと思います。」（中２・女子）

また、ある塾生は、次のような言葉を残してくれました。


「最後に、卒塾文集に絶対に書きたかった言葉があります。それは、「たかが子ども、されど子ども」という言葉です。

なぜ僕たちがバッカーズ九州寺子屋でこのような教育を受けるのか。大人でも良いではないか。そう思っていましたが、違っていました。

たかが子どもであっても、大いなる可能性を秘めています。子どものように感受性が豊かで、自分の考えが確立されるこの時期にこそ、このような教育を受けるのが大切なのではないでしょうか。そして、このように広い社会を知る必要があるのではないでしょうか。

そのことを、これからの世代にもずっとつなげていって欲しいです。」（中２・男子）

本当に心に響く言葉です。子どもは何が大切なのかをちゃんとわかってくれているのです。確かに経験値は低いかもしれませんが、一人の人間として本気で向き合うことで、塾生たちは、尊敬と感謝の念を抱いてくれます。

それは、大人であることを一つの権威として、上から目線で押しつけがましく教えようとしても伝わらないことです。その落とし穴に、親も教師も陥りがちなのです。ついつい、子どもの未熟さを心配し、行く末を案じて、「尊敬しろ、感謝しろ」と言いたくなってしまうのです。しかし、そう言った瞬間に、敬意も感謝も失われるしかないものなのです。

結局、大切なことは、私たち大人が、「この子たちは、自分よりはるかに素晴らしい存在になる」ということを心から信じて、その可能性に真っすぐ向き合うことだと思います。子どもを疑ってかかるのではなく、「子どもを信じる力」が問われているのです。

そして、その子どもたちに対して、恥ずかしい大人にならぬよう、自分のプライドにかけて、自分自身が成長し続けることを、自分に課して努力し続けている姿こそが教育力なのです。それが子どもたちの、「自己を確立する力」を育んでいくことになるのだと思います。

⑦「自分を支える言葉の力」を育む

人間の仕事は、その人の「言葉と行動」で表現されます。その人らしさも、その人の「良い行い」も「悪い行い」も、その人の「言葉と行動」がどのようなものかによって判断されるものです。

そして、その人の「言葉と行動」は、その人の「考え方」から生み出されます。人間は「言葉」によって「考える」生き物ですから、その「考え方」も「言葉」によって築かれていくものだと思います。

だから、どのような言葉と、どのような出会いをしていくのかで、人間の考え方が大きく左右されるのだと思います。人との出会いを通じて得られる言葉、本との出会いを通じて得られる言葉、自らの体験を通して得られる言葉、いずれにせよ、良き言葉との出会いが、その人の人生に大きな影響を与えていきます。

また、言葉との「出会い方」も大切です。ただ良い言葉だからということで使っても、自分の日頃の行動とかけ離れた言葉であれば、相手には伝わりません。それは例えば、高慢な人が、「偉そうにしてはいけない、謙虚になりなさい」と言うようなもので、その言葉は決して心に響いて伝わることはありません。

やはり、本当に深く生きてきた人が、その人の経験を通して語った言葉が、強い響きを持つのだと思います。静かな強さにせよ、燃えるような強さにせよ、本音で語ってくれた真実の言葉は心に響いて残ります。そして、それを受け取った人の心にも灯が灯り、その人の行動原理となって生き続けます。

バッカーズ寺子屋では、経営者からの言葉、本からの言葉、映画からの言葉、様々な言葉を得る機会があります。そこで塾生たちは、例えば、次のようなことを感じています。

「印象に残っているのは、麻生泰会長の「やりたいことより、やるべきことから」という言葉です。私はこの言葉を聞いたときに、心の中にこの言葉が刺さりました。そして、顔が熱くなって、下を向きたくなりました。いつもやりたいことから先にやっていて、やりたくないことが後に残って、しぶしぶイヤイヤながらやっている状況でしたので、私のための言葉じゃないかと感じたぐらいです。

それから、ふくやの川原正孝社長（当時）の、「継続は力なり」という言葉です。報われなくても、あきらめずに続けていれば、いつかは報われるというお話です。根気がなくて、何でも直ぐにあきらめていた私は、いつも逃げていたのだと思いました。我慢して、カッコ悪い時期を乗り越えなければ、本当のカッコ良さは来ないのだと学びました。

ホームカミングデイの講話での、御立尚資社長（当時、ボストンコンサルティング日本代表）の言葉も私にはなかった考えです。「リーダーとしての役割を果たすには、情でなく、理で動け」というものです。「何が大事かを徹底的に考える。感情ではなく、理屈を…」という考え方です。リーダーの冷静な判断がみんなを救うものにつながる大切な考え方を学びました。」（中2・女子）

一つ一つの言葉が、彼女の心に強く響いて、卒塾文集に書くほど心に残っていることを感じます。こうした言葉は、彼女の「考え方」の一部となり、彼女の「行動」や「言葉」を生み出していく土台になっていくことを感じます。

経営者たちの言葉が心に響いてくるのは、それを実際にやってきたからです。実際にやってきた人の口から発せられた言葉だからこそ、その言葉は心に響くのだと思います。

また、そうした言葉を知ることと、自分が実際にやっていくことは大きく違うことに気づくのも大切なことです。バッカーズ寺子屋では、「わかること」「できること」「伝えること」の三者の間には、それぞれ大きなハードルがいくつもあることを伝えています。自分がわかったからといって、それをできるかどうかは別の話ですし、自分ができるからといって、人にわかりやすく伝えられるかどうかはわからないものです。

それは会社員でも同じです。仕事の仕方を先輩から聞いてわかったとしても、それができるかどうかはわかりません。それができるようになったとしても、後輩にわかりやすく伝えられるかどうかはわかりません。

その三者の間にあるハードルは、決して簡単なものではないからこそ、わかること、できることの精度を、更に高めていくことが大切で、その先に「伝える」ということがあるのだと塾生たちには伝えています。

そして、そのハードルを越えるのに何より大切なことは、知識ではなく、行動であり経験であり、心構えだということに塾生たちは気づいていきます。

更にバッカーズ寺子屋では、「知行合一」という言葉も学びます。この言葉は、中国、明の王陽明という人が提唱した、知識と行為に関する根本命題で、朱子や陸象山らのいわゆる「知先行後説」に対するアンチテーゼとなるものです。

朱子らの「知先行後」とは、先ず知って、その後に、行動が生まれるという考え方です。例えば「正しいこと」とは何かがわかってから、「正しい行動ができる」というようなことです。

それに対して「知行合一」とは、例えば、「寒い」という知識が寒さの体験とは不可分であるように、「知」は全て「行」を通して成立する、もしくは「行」を通してしか「知」は成立し得ないという考え方です。だから、「嘘ごまかしをしない」という行動ができていなければ、「嘘ごまかしをしない」ということを知っていることにはならないというのです。

吉田松陰をはじめ、時代を変えていく原動力になった人たちの心には、この陽明学の考えの一つである「知行合一」が宿っています。中江藤樹、佐久間象山、西郷隆盛、多くの人たちが、佐藤一斎の『言志四録』に影響を受け、この「行動の学」である陽明学の真髄を体得していたのです。

「知行合一」という言葉は、少し難しい言葉ではありますが、わかりやすく理解できるよう、「口だけの人になるな」「言行を一致させよ」という戒めの意味も込めて、この「知行合一」という言葉を繰り返し、塾生たちに紹介し、共有しています。

塾生の言葉を借りて、それがどう受け止められているかを紹介します。

「バッカーズ少年教育10原則をはじめ、経営者の方々がして下さった講話や、企業訪問、毎回の塾長のお話などをうかがって、考えさせられたこと、納得したことはたくさんありました。

リーダーとして、周りをしっかり隅々まで見ることができること、決断力を持つこと、ユーモアセンスがいること、相手軸でものを考えることが必要だということ、嘘をつかないこと。「人から受けた恩は石に刻み、施した恩は水に流す」こと。良い心の習慣（プラス思考など）を身につけることなど、毎回の講座で書き切れないほどたくさんのことを学びました。

しかし、「知行合一」（知っているだけで実行しないのは本当の知とは言えず、実際に行うことで知と行が一致すること）という言葉を知っていても、なかなか納得して実行していくことができませんでした。

例えば、経営者の方々が考えられた、「バッカーズ少年教育10原則」は、簡単に書いてあることのように見えて、完璧には実行することができませんでした。卒塾後も学んだことが、自分の行動に活かせるよう頑張りたいです。」（中１・女子）

塾生たちは、経営者講話や講座の中で出てきた先人の言葉や行動や考え方をノートに書いていきます。在塾中は、レポートを書くために活用されます。しかし、大切なのはその後の使い方で、高校や大学に行ってリーダーとして壁にぶつかった時、人間関係に悩んだ時などに、このノートを開いて解決の糸口をつかむ卒塾生たちがかなりいるようです。

卒塾生たちからそうした言葉を聞くたびに、学んだことが心の底に根付いていることを感じ嬉しくなります。こうした良き言葉との出会いが、必ず、将来、「自分を支える言葉の力」になってくれることを信じています。

そして、更に全体を通じて大切な意味を持つのが、次の言葉（和歌）です。

「古の　道を聞きても　唱えても　我が行いに　せずば甲斐なし」

（昔の立派な人たちの教えを聞いても、何度、その偉人たちの立派な言葉を唱えたとしても、それを自分の行動にすることができなければ何の意味もないのだ）

これは、薩摩藩郷中教育の基本書といわれ、鹿児島に今も伝わる「日新公（島津）いろは歌」の、最初の一首です。ここにも「言行一致」「知行合一」の精神が脈々と流れていることを感じます。それをいかに受け継いでいくのかが問われているのだと思います。

⑧「志の大切さに気づく力」を育む

「何のために生きるのか。何のために学ぶのか」その答えは、一人ひとりの心の中で、自分自身が見出していくしかありません。

志は、自分自身の人生を生き生きと生きていくための根幹を成すものです。

「志が確立して、体力も能力もその本来の光を放ちはじめる。」
「志があいまいなものである間は、その人間に転換を与えるものにはならない。」
（『東井義雄　一日一言』致知出版社）

というように、「志」は、その人の人生全てに影響するものです。

志が立っていなければ、極端な言い方をすると、意味もなく学び、意味もなく働くということになってしまいかねません。勿論、はじめから志や目標がわかっている人などいませんから、試行錯誤しながら、少しずつ、自分の強みや、やりたいことを見出していくことになります。

しかし、それを見つけようともせず、何となく日々を過ごしていれば、いつの間にか、勉強も仕事もやらされているだけの日々になってしまいます。志を立てることは、そうした、何となく過ごす、受身の人生を脱する方法でもあります。

志についての詳細は、第3章に書いていますが、偉大な教育者・森信三先生の言葉をはじめに紹介し、次に、バッカーズ寺子屋の学びで、塾生たちが「志」についてどのように考えるようになったかをお伝えしたいと思います。

まずは森信三先生の言葉です。

「私は、人生の真の出発は、志を立てることによって始まると考えるものです。古来、真の学問は、立志をもってその根本とすと言われているのも、まったくこの故でしょう。人間はいかに生きるべきであるか、人生をいかに生き貫くべきであるかという一般的真理を、自分自身の上に落として来て、この二度とない人生を、いかに生きるかという根本目標を打ち立てることによって、初めて私達の真の人生は始まると思うのです。」

「教育の意義は、この立志の一事に極まると言ってもよいほどです。故にまた真に志が立つならば、ある意味では、もはやしいて教え込む必要はないとさえ言えましょう。というのも真に志が立ったら、自分に必要な一切の知識は、自ら求めて止まないからであります。」

（『修身教授録』致知出版社）

いかがでしょうか。厳しい言葉が並んでいると感じた人もいるかと思います。重すぎる内容だと思った人もいるかもしれません。しかし、この言葉は、自分と向き合い、よくよく自分の人生を考えていった時に、本当に大切なことだと思います。

今、全国の中学校に「立志式」という行事が少しずつ広がっています。しかし、どれほど先生方、保護者の方、そして、生徒の皆さんが「立志」という言葉の意味を深く理解しているかは疑問です。

だからこそ、皆さんと「志」という言葉の意味を共有し、共に志高き人生を歩んでいくことができたらと願っています。

では、ここからは塾生のレポートです。

「まずこの一年で学んだことの一つ目は、「志を立てることの大切さ」です。正直言ってバッカーズに入る前、僕は「志」という言葉の本当の意味は知りませんでした。木村塾長が最初にこの言葉をおっしゃった時も将来の「夢」くらいの意味かなぁとぼんやりとらえていました。

しかし、この「志」という言葉はバッカーズを代表するキーワードの一つとしてこの一年間繰り返し出てきたので、僕達は毎回毎回その言葉の意味について考えることができました。

例えば、萩研修で吉田松陰先生の一生について勉強した時のことです。黒船来航の際、吉田松陰先生はなぜ命の危険を冒してまで小舟を出して黒船に乗せてもらいに行ったのか、また身に覚えのない罪で牢屋に入れられ、死罪になると分かっていても、心穏やかに学問を続けたのか。など疑問がたくさん浮かびました。

萩研修から戻ったばかりの時はまだ答えが見つからず、僕だったらそんなバカなことはしないとだけ思っていました。でもこの一年間バッカーズで学ぶうちにだんだん分かってきました。

それは吉田松陰先生は「今の日本では外国に負けてしまう。だから国を変えなければならない。そのためには外国から学ぶことがたくさんある。だから学ばないといけない」という強い「志」を持っていたからでした。

「志」というのは「夢」や「野心」、「私欲」とは違うもので、違いは「人々のため、社会のためであるか否か」ということだそうです。理由は「私の夢は、将来十億円の豪邸に住むことだ」とは言えても、「私の志は、将来十億円の豪邸に住むことだ」とは言えないからだと木村塾長から学びました。

萩から家に帰って、母と吉田松陰先生の行動について話す機会がありましたが、母は親としての立場から言うと、この息子の行動は耐えられないと話していました。

吉田松陰先生は「この日本をより良くしていきたい」という「志」を軸に身の安全をかえりみない行動を取ってしまった訳ですが、同時に両親の気持ちを思いやることも忘れてはいませんでした。

それは亡くなる前に家族に宛てた「永訣の書」の句、「親思ふ　こころにまさる

親ごころ　けふの音ずれ　何ときくらん」にあらわれています。

吉田松陰先生は、自分の行動が両親を悲しませることを分かっていた上で、それでも「志」を貫き通しました。これを知った時、「志を立てる」というのは中途半端な気持ちでできるものではないと強く感じました。

バッカーズには麻生会長をはじめ、支援して下さる企業のトップの方々がたくさんいらっしゃいますが、その方々も「バッカーズ寺子屋を通して若手リーダーを育成する」という「志」を貫き、こうしてお忙しい合間を縫って僕達を支援して下さっています。

この一年間「志」や「利他の精神」という言葉の意味を座学で学ぶだけでなく、実際に実行されている支援者の方々にお会いすることで、身をもって実感することができた気がします。

僕自身まだまだ自分のことにしか関心が及ばず、社会や世の中のことに目を向ける余裕がないのが現状ですが、バッカーズで学んだ「志を立てる」ということを常に心に持ち続けていれば、いつの日か自分なりの「志」が見つかる日が必ず来ると思います。」（中1・男子）

もう一人、紹介します。

「学んだことの三つ目は、志とは何か?ということです。

第一講座から吉田松陰や橋本左内の言葉から志について考え、萩オープニング合宿では、吉田松陰や明治維新で活躍した偉人たちのとった行動や言葉から志について学ぶことができました。

志とは夢のような私的な事柄ではなく、人や社会に貢献できるものであり、決して忘れることのない自分が考え抜いた信念であると学びました。

このことを学んだばかりの頃は、自分にとっての志が何なのか全くわかりませんでした。しかし、志とは何か?ということを考えて一年弱過ごしているうちに、自分の志が何なのかわかるようになってきました。

バッカーズの入塾願書を書いていた頃、自分が将来やりたいことは、「国際的に活躍できるようになりたい」程度のぼんやりとした思いつきに近いものでした。この頃考えていた自分の将来はまだ夢の段階だったので、これを志に高めようと思い、一年間志について考えてきました。

今、少しずつ私の夢が志に近づいています。今は「紛争や環境問題に苦しめられている人々の手助けができるような活動をしたい」と思っています。まだ夢を志に高められていないと思うので、これからも自分の志は何か考えていきたいと思います。」

（中３・女子）

10歳から15歳の時期に、「志」を立てることへの明確な答えは出なくても良いと思いますし、それが人生の途中で変わっても良いと思います。

しかし、後で振り返った時に、一つ一つの出会いと出来事が、今の自分の人生を創っているとわかる時が必ず来ます。

だから、多感な子ども時代から、「志」という言葉をいつも心の片隅において、自分の人生の意義を考え、楽しく充実したものにしてもらえたらと思います。人間の幸せも、人生の終着地点にあるのではなく、そうした、夢や志を追いかけて懸命に生きる日々の中にあるのだろうと私は思います。

「志の大切さ」は、簡単に伝えられるものでもありません。「志」という言葉を理解した上で、意識をしてその言葉を繰り返し聞くからこそ、そして、志ある人物との出会いの中でこそ、初めて自分のものにできるのです。

そのことを一人の塾生は次のように書いています。

「バッカーズに入塾する前は、〝志〟について考えたこともありませんでした。初めて〝志〟という言葉を聞いた時は、重要性があまりよくわかりませんでした。

しかし、経営者講話で支援者の会の方々のお話を伺うと、皆さんが「志を高く持ってください」とおっしゃっていました。経営者の方々の実体験を踏まえながらのお話にはとても説得力があります。

そのため、徐々に〝志〟の重要性がわかるようになりました。特に、麻生会長のおっしゃっていた「簡単ではないが、不可能ではない志」という言葉が心に残っています。いつも、簡単な目標ばかり立てていた私の心にとても響きました。

目標が低ければ、それ以上高いところへは行けません。私は今年、受験生になりました。学校でも受験という言葉がたくさん使われるようになり、受験に対して意識をするようになりました。そんな時に思い出すのが、麻生会長から教えていただいたこの言葉です。

「志望校合格は、簡単ではありませんが、不可能ではありません」

志を高く持ち、志望校合格に向けて頑張っていきます。バッカーズに通うことができたからこそ、〝志〟を意識することができました。

この時期に〝志〟を強く意識することができている私はとても幸せものだと思います。なぜなら、〝志〟の持ち方によって人生が変わってくると思うからです。今、〝志〟を高く持つことの大切さを知っているからこそ、それを活かし、周りにも伝えていきたいです。」（中２・女子）

受験という身近なところから意識して、少しずつ、広い世界に目を向けていき、いつか揺るぎない自分の人生の志を見出してくれることを心から願っています。

最後に、もう一つ、森信三先生の言葉を紹介します。

「人間が志を立てるということは、いわばローソクに火を点ずるようなものです。ローソクは、火を点けられて初めて光を放つものです。同様にまた人間は、その志を立てて初めてその人の真価が現れるのです。志を立てない人間というものは、いかに才能のある人でも、結局は酔生夢死の徒にすぎないのです。」（『修身教授録』致知出版社）

うっかりと自分の命の炎を燃やさぬまま、点火すらせぬままに、二度とない人生を終えることのないようにしたいものです。

そのためには、周囲の人たちにも、子どもたちにも、志の火を点けなければと思いますが、それができるのは、自分の胸に志の火をあかあかと燃やしている人だけです。

子どもに対して、「志を立てよう」と言うからには、親や教師が自分自身の心の中に、志の炎がなければ火の点けようがないのです。また、経営者に志の炎が燃えさかっていなければ、社員の心に火を点け、志ある社員に育てることはできません。一人ひとりが志高く人生を生きて、魂の点火者たらんとの意志を持つしかないのです。

「志の教育」とは、結局は、教えることのできない教育であり、共に学ぶ教育でしかないものだと私は思います。

⑨「行動する力」を育む

どんなに良いアイデアを持っていたとしても、行動しなければそれが価値を生み出すことはありません。また、自分が夢や志を持っていたとしても、ゴールに向かって歩み続けていかなければ、それは永遠に達せられることはありません。しかし、わかっていても、なかなか一歩を踏み出すことは怖いものです。

バッカーズ寺子屋では、評論家になるのではなく、自分が「行動する」人になることの大切さを伝えていきます。

私の心の中には、オグ・マンディーノが書いた成功哲学の本、『地上最強の商人』の巻物の一節が常に存在しています。そこには「行動」の大切さが書かれています。

『地上最強の商人』とは、2000年前、アラブの貧しい少年ハフィドが、史上最強の大商人・大富豪になった成功の秘訣が語られる物語ですが、その秘訣は10巻の巻物に書かれています。

バッカーズ寺子屋の塾生たちにも伝えているこの巻物の一部には、次のような言葉が書かれています。

「私の夢は無価値であり、私の計画はゴミに等しく、私の目標達成は不可能である。もし、行動が伴わなければ…。

私は、今、ただちに行動する。

地図は、いかに精密であろうとも、地図自身が、その持ち主を一インチたりとも運ぶことはできない。法律書が、いかに公正に書かれてあったとしても、法律書自身が、一件たりとも犯罪を防いだことはない。私の持っている巻物でさえ、そのままでは一ペニーも稼ぎはしないし、喝采の言葉ひとつを生みだすわけでもない。

行動、これのみが可能への点火材へ火をつける。

地図も法律書も、この巻物も、私の夢も、計画も、目標も、これあってはじめて、命を吹きこまれ、動きだす。行動こそ、成功への栄養剤となる食べ物であり、飲み物である。

私は、今、ただちに行動する。

私の引きのばしの行為は、私にためらいや恐怖感を生じさせる。だが、今や、私は知った。

この、ためらいや恐怖感を克服する秘訣…。「考える暇なく、ただちに行動すること」、これは過去の勇気ある人びとの、心からでた真実の言葉である。
今や、私は知った。恐怖を征服するには、私はためらうことなく、つねに行動を起こすこと。そうすれば、恐怖による私の胸の鼓動も、おのずから静まってゆくことを。行動こそが、恐怖というライオンを、蟻という平静さに変えてしまう魔法なのである。」

（『地上最強の商人』日本経営合理化協会出版局）

こうした心揺さぶられるメッセージと共に、「行動することの大切さ」を塾生たちの心に刻むことができたらと思います。一人の塾生は、この「行動する」ということについて、次のように学び取ってくれました。

「私は、バッカーズ九州寺子屋に入塾する前まで、実際に何かの行動を起こすまで、かなりの時間がかかっていました。行動する前にたくさんのことを考えて、タイミングを逃して行動を起こさずに終わってしまうということも何度もあり、すぐに行動したほうが良いとは分かっていても、できませんでした。

しかし、バッカーズ九州寺子屋に入塾して、改めてすぐに行動することの大切さと、行動する前の考えている時間は言い訳であることに気づきました。

私がバッカーズ九州寺子屋の経営者講話を聞く中で感じたことは、経営者の方々は行動力が並外れてすばらしいということです。お話を伺った経営者の方の中にはとにかく自分で行動されている方が多く、その行動力に毎回驚かされました。お話を伺う中で、考えすぎるのではなく、まずは行動してみることも1つの方法なのではないかと考えました。

確かに入念に計画を練って、慎重に物事を進めることは重要です。しかし、今までの私のように行動に移さないまま終わってしまっては意味がないので、まずは行動してみることが大切だと思います。行動することで、今まで考えていたことと全く違う結果が待っているかもしれませんし、行動してみることを繰り返せば、大きなことを成し遂げることができるかもしれません。

実際に、私は行動を起こしてみることによって、行動を起こすという習慣がついてきたように思います。今までは怖さや不安で実行できなかったことも、行動してみて感じた爽快感がバネになり、行動を積極的に起こすようになりました。「とりあえず行動してみる」というフットワークの軽さも重要だと思います。

さらに、行動する上で重要なことは、「誰よりも速く行動すること」だと思います。「誰よりも速く、1番最初に行動すること」に意味があり、1番最初に行動した人と、2番目、3番目に行動した人との間には大きな差があるのではないでしょうか。

しかし、私は正直まだ実行できていません。やはり、1番最初に行動すると印象にも残りますし、チャンスも掴みやすくなると思うので、勇気を出して、1番最初に手を挙げることができる人になりたいと思います。」（中3・女子）

このレポートの終盤に書かれていることは、「ファーストペンギン」のことだと感じます。「ファーストペンギン」とは、集団で行動するペンギンの群れの中から、天敵がいるかもしれない海へ、魚を求めて最初に飛び込む一羽のペンギンのことを言います。転じて、その〝勇敢なペンギン〟のように、リスクを恐れず初めてのことに挑戦するベンチャー精神の持ち主を、米国では敬意を込めて「ファーストペンギン」と呼ぶのです。

どちらかと言えば物静かであった彼女が、なぜ、そう思えるようになったかといえば、行動力ある人物に出会い、その考え方や人となりに大きな影響を受けたからです。経営者たちも歴史上の人物も、リスクを恐れずに、人々のために「行動している」人たちです。

そして、自分も「とりあえず行動してみよう」と思い、実際にやってみると、そこには「爽快感すらある」ということに気づいたのです。何事もやってみなければわからないことを実感したのです。

そして、チャレンジをしなかった頃に考えていた、「やらない理由」というのは、所詮は言い訳に過ぎなかったのだと気づきます。更に、一番に行動することが、大きなチャンスをつかむことにもなるのではないかと、考えられるようになっていることに大きな成長を感じます。

「人と較べてはいけない」。教育現場ではよく耳にする言葉です。しかし、比較してみなければ、自分の強みも弱みもわからないままになってしまいます。較べた上で、自分の弱みを直視し、それを理解し、改善していくことで、大きな成長が得られるのです。

経営者の方々の考え方や生き方と、自分の考え方や生き方を較べ、その違いをはっきりと認識し、自らの至らなさを知ることで、成長にとっての大きな第一歩を踏み出すことができるのだと思います。「実際に何かをやっている人の言葉」というものは、それほどに強い影響力を持っています。

学校で教科を教えてもらうことも基礎学力をつけていく上では大切なことです。しかし、自分が人生をいかに生きるかということに関しては、実際に社会の中で長年苦労してこられた経営者の皆さんが、自分の人生、ビジネスを通じてつかんできた言葉が、やはり強いインパクトを持っています。

今、日本の社会では、自分は行動せず安全な位置にいて、実際にやっている人たちを非難する大人たちが数多くいます。しかし、バッカーズ寺子屋を支援して下さっている経営者たちに、そうした振る舞いはありません。それでは人は決してついてこないことを知っているからです。

自分が行動して、その責任を引き受け、世のため、人のために汗を流している人たちが本当にいる。その事実を目の当たりにするからこそ、その事実が子どもたちの心に響き、大きな成長を促していくのだと思います。

⑩「プリンシプル」を身につける

第1章でも紹介したように、バッカーズ寺子屋では、バッカーズ少年教育10原則というプリンシプル（人間が大切にすべき原理原則）を学びます。これは、バッカーズ・ファンデーションの経営者の皆さんが、これまでの人生やビジネスを振り返って、何が大切であったかを考え、発せられた真実の言葉です。

1　ウソごまかしをしない。誰が見ていなくても「お天道様」が見ている。
2　自己責任とは。人のせいにしない。自分の判断力と決断力を持とう。
3　よく働き、よく学び、よく遊ぶ。よい競争心を持とう。
4　感謝心を持とう。
5　人に迷惑をかけない。良いマナーを持とう。
6　自分に厳しく、人に寛大に。（その逆の、自分に甘く人に厳しい人は本当にカッコ悪いよ）

7　人のためになろう、国のためになろう、世界のためになろう。

8　いつもユーモアの心を持つ。

9　人をタイトルや外見や名前や住んでいるところで見るのではなく、いつもその本人で見よう。本物とは何のことか考えよう。

10　国際人とは何かを考えよう。自分の国を愛し、他の国の人とも本当の友だちになれ、他人のことも考えられることが国際人だ。

バッカーズ寺子屋では、この10原則を身につけるために1年間の学びが構成されています。また、古今東西の成功哲学にも触れていきますし、何よりも経営者講話の機会に、社会的に活躍されている方と直接触れ合うことが、大きな学びになります。

なぜなら、そうした人たちの考え方を直にうかがい、疑問があれば質問をすることで、納得する学びができるからです。また、それ以上に、そうした人たちの立ち居振る舞いや子どもたちへの心遣いといった人格的なものが、一緒に伝えられることで、塾生たちは「人として成功するために何が大切か」ということを感じ取ることができます。塾生たちの姿を見ていて、人は人との出会いで大きく感化され、成長していくものだということを実感します。

また、「バッカーズ少年教育10原則」というプリンシプル、古今東西の先人たち、そして、今を生きる経営者たちの共通点を見出し、自分のあるべき姿をイメージできることが、一人ひとりの成長のための大きな刺激になっていると感じます。

具体的にそれはどういうことなのか、塾生の感想レポートを紹介します。


「経営者の方のお話は、学ぶことがとても多く、印象に残るものばかりです。例えば、麻生会長の「やりたいことよりやるべきこと」や、金丸会長の「やりたいことを思いきりやっていい」、小泉偉位子様（経営コンサルタント、ＩＣＪ代表取締役）の「困難が降ってきても、プラスに考える」など、本当に沢山の事を学びました。

その中には、当たり前だけれどもなかなかできないという事や、難しい事もありました。でも、経営者の方々がそういうことをおっしゃるという事は、経営者の方々は当たり前の事から難しい事まで経験しているからこそ言える事なのだと思うので、私もこれから沢山の事を経験していきたいです。

また、経営者の方から伺うお話のなかに、一つ発見したことがあります。同じ事を別の塾生も言っていたのですが、世間一般で「きれいごと」として言われている事が本心として口から出てくるということです。

いくら本心で語っても、「どうせきれいごとでしょ」と思われてしまう世の中で、私は勘違いされたくないので、勘違いされるような事は書いたり言ったりしなかったのですが、経営者の方のお話は、「どうせきれいごとでしょ」というのを感じさせないお話で、聞いている私も全く違和感というものを感じずに聞く事ができました。私も、本心からきちんと語れるようになりたいです。」（中１・女子）

経営者講話をうかがって、「きれいごと」「あたりまえのこと」と言われるようなことに誠実に向き合い、それを人生をかけて貫いてきたからこそ、誰もが到達できないような所にたどり着いている。その事実を塾生は目の当たりにし、そのことに驚いています。中学生でも「きれいごと」と言って嘲笑してきたようなことを、この大人たちは、真剣に考え、しかも行動してきている。それが言葉と行動の端々にあらわれ、一緒に昼食をとっている時の、ちょっとした立ち居振る舞いにも、その考えが行動としてあらわれている。だからこそ、塾生たちは自然と納得することができるのです。

もう一人、違う塾生のレポートです。

「2つ目は何事にも自らチャレンジし、ポジティブに考えていくことがとても重要だということです。このことは私が1年間バッカーズ寺子屋で多くの方にお話をお伺いする中で、経営者の方々に共通していることだと強く感じたからです。

社会で仕事を成功させ活躍されている方々は私達とどんなところが違うのだろうと考えました。そして、異なるのは、普段の生活での心の持ち方なのだと思いました。

何か壁にぶつかった時、ただ下を向くのか、それともその事態をチャンスと捉えて発想を変えて前に進むのか。問題解決は自分の心の持ちよう、普段からの心の構えようによるのではないかと感じるようになりました。」（中2・女子）

「社会で仕事を成功させ、活躍されている方々と、私たちの違いは、「心の持ち方」である」と彼女は気づきます。こういったことは、よく本にも書いているようなことです。しかし、それを目の前にいる経営者から直接伝えられ、しかも、何人もの経営者たちが同じように語っているところから、塾生たちは自分自身で気づき、自分でつかみ取っていきます。そのことが大切なのです。

また、その前後で学ぶ、古今東西の成功哲学ともつながりを持って理解していくことができます。本当に大切なことを、「そんなきれいごと」と言ってしまう周囲の環境に流されない強い心を持ち続けて欲しいと思います。

最後に、もう一人だけ、レポートを紹介して終わります。

「学んだことの三つ目は、「成功に近道はない」ということである。これを感じたのは毎回の社長講話である。私は社長講話に興味があってバッカーズに入塾した。それは社長というと何か特別なことをしたり、波乱万丈な人生を送ったりしているイメージがあり、その体験談や経験を聞いてみたいと思ったからである。

しかし、いざ社長講話を聴いてみると、皆が皆、特別な体験をしたり特別なことをしてきたわけではなかった。何か特別なことが聞けると勝手に期待していた私は勝手に落胆したが、同時に別のことに気が付いた。それが「成功に近道はない」ということだ。

経営者の方々の話をお伺いすると、皆、地道なことからコツコツとやっていき、そして成功させていると感じた。焦らず地道なことからコツコツとやる、これは当たり前のようで実行が難しいことだと思う。遠回りに思うけれどこれが一番のやり方なのだ、一発で何か大きなことを成し遂げるということは不可能なんだということを学んだ。」（中3・女子）

以下の言葉は、前にも紹介した成功哲学のベストセラー、『地上最強の商人』（オグ・マンディーノ著）に書かれている、第3の巻物の教えの一部分です。塾生たちがつかんでくれたことと、たくさんの共通点があります。

「人生の栄光は、それぞれの旅の終わりにあるのであって、始めたばかりの地点にはない。そのうえ、その目標地点へは、何歩で到達できるのか、私には知るよしもない。千歩あるいて後、私は失敗と出会うかもしれない。しかし、次の曲がり角の向こうに、成功は隠れているのかもしれないのだ。だが、その角を曲がらないかぎり、何人も、そこに成功があるかどうかは、けっして知ることはできないのである。

私にできることは、ただ、次の一歩を踏みだすことだけである。ゆえに、私はつねに次の一歩を踏みだす。その一歩が、無駄な一歩であろうと、有効な一歩であろうと、それは私の関知するところではない。

事実、一度に一歩だけ踏みだすことは、そう難しいことではない。問題は、それをくり返せるかどうかである。

私は、成功するまで、頑張りつづける。

私は敗北については、決して考慮しない。また、私の辞書には、次のような言葉はない。曰く、「やめる」「できない」「力が足りない」「不可能だ」「問題外だ」「ありえない」「失敗」「実行は無理」「絶望的」「撤退」。なぜなら、これらは愚か者の言葉だからである。

私は絶望は避けるつもりだが、それでも、万一、この絶望という心の病に感染してしまったなら、私は、この絶望の中でも働きつづけよう。私は努力し、耐えぬく。私は、足元の障害物には目もくれず、頭上を見あげ、目標地点を見つめる。なぜなら、私は、はるかな乾いた砂漠の彼方に、緑生い茂る希望の土地があることを知っているからである。

私は、成功するまで、頑張りつづける。

私は昨日の成功をもって自分を甘やかし、今日の自己満足とはしない。なぜなら、これこそ、失敗の最大の基本要素となるものだからである。」

（『地上最強の商人』日本経営合理化協会出版局）

同じ真実の言葉でも、その出会い方によって、心に深く刻まれることもあれば、そうでないこともあります。私は塾生たちが、できるだけ効果的にそうした言葉と出会い、心の軸になっていくことを考えながら講座を作っていきます。

「成功」という言葉の定義は、１００人いれば１００通りの定義が出てくると思います。

ただ、自分の目指した地点に到達できるように、自分を成長させていくことが必要であるのは、共通のものだろうと思います。

人として成功するための「プリンシプル」（揺るぎない行動の原理原則）が、塾生たちの心にしっかりと宿っていくことを心から願っています。

また、多くの子どもたちが、「自分なんてどうせ大した存在ではない」「どうせ自分には無理だ」と思い込み、自分の夢や志を諦めることのないように、生きていって欲しいと思います。

⑪「社会を知る意欲」を育む

子どもたちが、社会に目を向け、社会のことを知る機会はあまり多くないように感じます。

1日の時間の大部分を過ごす学校では、どうしても受験勉強に照準を合わせていく必要があります。また学校以外の時間では、塾や予備校に行ったり、習い事をすることに時間の大部分をとられます。それ以外の自由な時間でも、ネット動画を見る、SNSでチャットをする、オンラインゲームで楽しむ、テレビを見るなど、様々なことに時間が必要となっていきます。

だから、そんな日常の中で、読書をしたり、新聞を読んだりする習慣を持つことは本当に難しいことになってきました。

しかし、自分自身の進路を考えたり、自分のやりたいこと、自分に向いていることを探すためには、どうしても社会を知る必要がありますが、多くの家庭では、そもそも親が新聞を取らなくなってきていますから、読みなさいと言っても、実際に読むのは簡単なことではないのです。

また、ニュースはネットで見るという人も多いと思います。しかし、今、社会全体で何が起きているのかを、瞬時に把握するのには、新聞の持つ「一覧性」が非常に有益だと思います。見出しにしても、一面トップに何を持ってくるかをはじめ、全てがプロの編集者たちの判断で選ばれているものです。だから、今、世の中で何が大きな問題になっているかがすぐに把握できます。そこに新聞の大きな価値があるのだと思います。

バッカーズ寺子屋では、新聞記事を皆と一緒に読んでいきます。私が声を出して読み、皆はペンを持ってラインを引いたり、書き込んだりできる態勢で黙読します。

なぜ、そのような手間をかけるかというと、きちんと最初から最後まで読むには、小中学生には難しい字や言葉が含まれていることもあるからです。読み方は、できるだけよどみなくスピーディーに読みます。なぜなら、目で追うスピードの方が、声を出して読むよりも圧倒的に早く読めるからです。読む側が、どんどん勝手に先の方に行ってしまわないように、耳で聞いて読み、目で追って読み、書き込みながら読むという、三つの力で読むことを徹底しています。それが短時間での吸収力を一番高くする方法だと思います。

塾生たちと一緒に読んで共有する新聞記事の選び方ですが、できるだけその日の前後の講座も含め、講座内容と関連性があるものを選びます。例えば、経営者講話があれば、その業界に関連したものであったり、ＳＤＧｓとつなげて考えるものであったり、経営者や私が書いたり取材を受けたりした記事を使ったりもします。そうすると、新聞が遠い世界のものではなく、身近な存在でもあることが感じられます。

また、時には、新聞6紙を購入して、グループで読み合って、1紙だけ取るなら、どの新聞が良いか、また、その理由はなぜかを議論させたりもします。

そうして社会に関心を持つことで、社会の変化や、どんな仕事が社会にあるかなど、自分と関連付けながら情報を手に入れるようになっていきます。

今、新聞を読む習慣を身につけてもらうには工夫が必要です。なぜなら、小中学生が読んでいる文章よりも、堅い言葉で書かれているから慣れが必要なのです。だから、繰り返し読むことも必要です。しかし、読んでいる中に、読むことへの抵抗感が薄れ、必ず大切なことに気がつくようになっていきます。

そのことを次のように塾生は書いていています。

「まず、私はバッカーズに入塾して、社会や世界で起きていることを自分に関連づけて考えられるようになりました。

バッカーズでは、新聞を読む機会がたくさんあります。入塾したての頃は、新聞がわかりにくく、堅苦しい言葉で書いてあるのが好きではなかったので、本当に渋々読んでいました。

しかし、毎回の講座で何らかの記事に目を通すうちに、新聞の様々な魅力に気がついていきました。それは例えば、ネットサーフィンをするだけでは得られない情報が載っていたり、中立の立場からの正しい情報が得られることです。

今の若い世代、特に中高生は曖昧な情報の溢れた、所謂「情報社会」を生きています。そのような状況で情報の正誤を見極めるのは、大人でも難しいことなので、私たちにはなおのこと難しいです。

しかし新聞には、ほとんどの場合、正確な情報が正確な言葉で記載されています。よって、時事問題を把握するにはもってこいの資料となります。

私は入塾するまで自ら新聞を読むことは全くありませんでしたが、一年たった今では、家にある新聞を気軽に手に取って目を通すようになりました。

中学生になると、社会のことを常に把握しておくことが求められます。大人への第一歩である中学校入学のタイミングで、このような心境の変化を得られたことは本当に良かったと思います。」(中1・女子)

日本の若者たちは今、18歳から選挙権を持つようになりました。しかし、その選挙権を行使するに当たっての判断力は、やはり、社会のことをある程度知って初めて身につくものです。また、子どもたちは、いずれ社会に出て活躍する存在です。自分のやりたいことを見定め、何を学び、どのような仕事に就くのかを考えるためにも、やはり新聞などのメディアを通して、社会を知ることが大切だと思います。

経営者の話を聴き、企業訪問をし、自分の将来について考え、未来の日本を考えるバッカーズ寺子屋という「場」を通して、子どもたちには、新聞を読むことの大切さや、社会の情報に触れることの大切さを是非、知って欲しいと思います。

また、メディアも決して正しく報道しているとは限りません。それぞれの立場によっても論調は変わってきますし、誤報もあり得ます。情報や考えの正しさを判断できるように、メディアリテラシーの力を身につける時間もバッカーズ寺子屋では大切にしています。

もう一人の塾生レポートを紹介します。

「思い返すと入塾していろいろなことがありました。そして、いろいろなことを学ぶことができました。まず将来の夢が変わりました。寺子屋でいろいろ学んでいたら、科学者になるよりも、ビジネスパーソンとして、外国の人と交流しながら働きたいと思うようになりました。でもそのためには、クラスの人たちと同じ道を歩んでいたら間に合わないので、より中学受験に向けて勉強していくことが大事だなと思いました。次に、今の日本の状況ではもたもたしていられないということも知りました。入塾する前は、「はあ、不景気ですか。それでどう私に関係があるのかな…」などという感じでした。でも今の状況を知ると、なぜ今まで気にしていなかったのかというほど未来が心配になりました。でも何にも知らずにただぼーっとしているよりも、危機感をもっている方が、いざとなっていくらかあたふたしないですむので、ずっといいと思います。この一年間、お世話になりました。この一年間は、まさに一生の宝物です。」（中1・女子）

やはり、社会を知り、自分の将来の方向性を考えるためには、「経営者講話を聞く」、「企業訪問をして実際に見聞を広める」、「新聞記事を読む」、「自分の志を考える」、こうしたこと全てに関連性を持たせて学ぶことが大切だと思います。

これらのことは、学校でも多少は学んでいくことができると思いますが、時間的な制約、カリキュラム上の制約もありますので、どうしても一体感を感じながら学ぶことは難しいと思います。

しかし、「社会を知る意欲を持つ」ことは、将来何を自分がしたいのかを考えていくためにどうしても必要になることだと思います。そんな時間を子どもたちには是非過ごして欲しいと思います。

⑫「文化の大切さに気づく力」を育む

グローバルな時代に入り、国境を越えて人とのつながりが生まれていく時代になりました。そこで足りないと感じていることが、日本の子どもたちの、自国の文化に対する知識と教養です。

子どもたちも海外留学に行くことは多くなりましたが、よく耳にするのが、海外で色々と日本について質問されるけれど、何も答えられないという問題です。

受験勉強で得た知識はあっても、日本の歴史や芸術、文化について、具体的に語れるほどのものを何も持っていなかったことに、海外に出た子どもたちは気づいて愕然とします。自国のことを誇らしげに語る海外の友人を前に、悔しい思いや情けない思いをしたということをよく耳にします。

芸術家にしても、ピカソやゴッホやベートーベンやバッハは知っていても、日本の芸術家についてはほとんど知りません。例えば、日本画とは何かということについても習ったこともないし、考えたこともないから、説明することができないのです。それを説明するためには、例えば次のような知識が必要です。

明治以降に、西洋画に対する概念として日本画という言葉が使われ始めたこと。それまでは、国内の流派の名前で、狩野派、琳派、四条派、やまと絵などと呼ばれていたこと。画材は紙や絹、木、漆喰などが使われており、墨、岩絵具、胡粉、染料などの天然絵具を用い、膠（にかわ）を接着剤として描く技法が用いられていること。また、金やプラチナなどの金属材料を画材として効果的に取り入れていること。これだけの知識を持つだけでも、日本画が日本の自然と伝統に深く根付いていることが感じられると思います。ただ、知識だけを覚えるのではなく、実物の鑑賞体験と共に学ぶことが大切なのは言うまでもありません。

自国の文化への理解があれば、それを土台として、他国の文化に対してもより深く理解することができます。しかし、そうした体験と知識がなければ、それもできないのが現状です。

こうした問題点に一石を投じるため、私は、バッカーズ寺子屋の2回目の合宿は、島根県安来市にある足立美術館への1泊2日の研修を行うことにしています。

足立美術館の設立者、足立全康（あだちぜんこう）氏は、次のような言葉を遺しています。

「日本は現在、有史以来、未曾有の経済発展を遂げ、国際社会においても極めて重要な立場を占めている。日本の動向がそのまま、世界経済を大きく揺り動かすところまで成長した。それは一面では、民族として誇るべきことだと思うが、手放しで喜んでばかりもおられない。世界各国の日本への評価をみれば明らかである。現実は必ずしも、喜ぶべき状況にはない。

私はむずかしいことはよくわからないが、その原因の一つとして、「文化国家日本」のイメージが、あまりにも弱いからではないかと思う。ＧＮＰ世界何位とか、経済大国といったことばかりを口にしているから、世界中から白い目で見られるようになるのである。日本には文化施設が少なすぎる。

人間同士の精神交流、文化交流を深めることが、現在の日本にとって焦眉（しょうび）の急（きゅう）だと思う。文化そのものが持っている力をもっと活用すべきだ。

せっかく日本には世界に冠たる美の伝統があるのだから、こちらから売り込むのが厄介だというなら、せめて向こうからやってくる外国人には日本が優れた文化国家であることを強くアピールすればよいだろう。

足立美術館に是非、立ち寄ってもらいたいというのはもちろん、それに恥じないだけの自信があるからだ。ここには日本文化の代表がある、と自負している。

足立美術館が国際交流の一翼をにない、国際親善に寄与することができたら、これほど嬉しいことはない。今後は外国人観光客の誘致にも取り組みたい。

話が大きく聞こえるかもしれないが、心の潤沢は何物にも勝る生命の活力だ。国と国との交渉だって、元をただせば、人間と人間の出会いではないか。その人間の心が、潤いのあるものであれば、話すべき方向、内容だって自然に変わってくる。（傍点、筆者による）

『文化』というのはそれほどに、強い力を持っている。私の夢が文字通り夢で終わるようだと、日本の前途はいよいよ多難といわなければならない。私は文化行政に熱い想いを寄せている。」（『庭園日本一　足立美術館をつくった男』日本経済新聞出版社）

私は、この言葉を塾生たちと共有しながら、もっと日本の文化に触れてもらいたいと思っています。足立美術館を訪れ、足立全康という人の、志と思いを感じ取る体験から、更に日本の文化芸術について深く触れ合っていきたいと思う感性を育んでくれたらと思います。

少しだけ、足立全康という人について紹介をしておきますと、足立全康氏は、貧しい中から商売に志し、一代で財をなして、71歳の時に、郷土への恩返しをという思いから足立美術館を作ります。

『ジャーナル・オブ・ジャパニーズ・ガーデニング』というアメリカの日本庭園ランキング誌で、常に日本一を獲得している素晴らしい日本庭園の中にこの美術館は建っています。ちなみにこの美しい日本庭園は、ミシュラン・グリーンガイド・ジャポンでも三つ星を獲得している庭園です。

この美術館に、横山大観、竹内栖鳳、上村松園らの素晴らしい日本画や、北大路魯山人、河井寛次郎らの陶芸作品など、日本の美の数々が展示されています。

創設者の足立全康氏は、「庭園もまた一幅の絵画である」という信念のもと、91歳で亡くなるまで、庭造りに心血を注ぎました。それは次の考えからです。

「日本人なら誰でも分かる日本庭園を通して、四季の美に触れていただき、その感動をもって横山大観という、日本人なら誰でも知っている画家の作品に接することで、日本画の魅力を理解していただきたい。そして、まず大観を知ることによってその他の画家や作品に興味を持っていただき、ひいては日本画の美、すなわち『美の感動』に接していただきたいという、創設者 足立全康の強く深い願いがあってのことなのです。」

（足立美術館ホームページより）

そうした創設者の「志」に触れてもらいたいし、何よりも素晴らしい日本庭園と、日本の芸術作品に触れ、子どもの頃から、日本の文化に対する理解を深めて欲しいと思います。

また、この合宿では、島根県内の古代出雲歴史博物館、出雲大社、小泉八雲記念館なども訪問し、日本の歴史と文化に親しむ時間を作ります。

小泉八雲は『耳なし芳一』『雪女』など、子どもたちもよく知っている『怪談』の諸作品を書いた人物です。（ジャンルとしては「再話文学」ですから、「書いた」というのは少し違う表現であることをお断りしておきます。伝承された昔話や伝説を、歴史的な資料として正確に記録するのでなく、文学的に表現したものを再話文学と言います。）

アイルランド人とギリシア人の間に生まれた、小泉八雲（ラフカディオ・ハーン）が、なぜ日本に来たのか。それは、チェンバレンが英訳した『古事記』をアメリカで読んで、日本という国に興味を持ったからです。その後、日本に来たラフカディオ・ハーンは、日本をこよなく愛し、結婚して日本に帰化することになります。

そのきっかけとなった『古事記』には、日本の神話が書かれていて、その舞台の一つが出雲大社のある出雲地方です。出雲地方からは、銅剣や銅鐸など考古学の世界では国宝級の物が数多く出土していて、歴史の教科書にも収録されていますから、子どもたちも興味を持ちやすいと思います。

また、神社建築について学んでいけば、古代出雲大社は、かつて高さ48メートルの木造巨大神殿だったことが明らかにされつつあります。金輪御造営差図という宮司家に代々伝わる図面に書いてあるのと同じ場所から、３本の杉の巨木を束ねた柱が出土したことが、大きな証拠となったのです。

私たちは、今も出雲大社の檜皮葺の神殿を見れば、日本の風土に根ざした、日本の木の文化の美しさ素晴らしさを感じ取ることができます。また、そこから日本の神社や神話について、深く学んでいくこともできます。

このように、島根県は日本の歴史と文化を学んでいくのに、非常に良い場所の一つだと私は考えています。様々な関連性を意識して学びながら、深く広く学ぶことができるからです。

このような学びに対して、塾生は次のようにレポートを書いています。

「二つめの、バッカーズ寺子屋で学んだ大切なことは、日本の文化の素晴らしさでした。特に、萩や出雲で日本文化に触れられたのは、とてもよい体験になりました。

海外で生まれ育った五年間のため、いつも自分は日本人として、日本のことをよく知らないのではないかと思っていました。特に東京に住んでいると和の文化について学ぶ機会が少ないと思っていました。

でもこのバッカーズ寺子屋の一年で少し日本人として自信がついたかもしれません。今思い出すと日本庭園、出雲大社、怪談、萩往還から、虎屋で作った利休まんじゅうまで、色々な景色やものが浮かびますが、その良さは、ときには塾生仲間が教えてくれました。

例えば、M君は僕に日本画をじっくり見るように勧めてくれました。十二月の合宿では日本だけでなく世界でもその庭園が有名だという足立美術館を訪ねました。僕は美術館には母に連れられてよく行っていましたが、ほとんどいつも西洋画ばかり観ていたことにそこではじめて気づきました。

それまで全く興味のなかった日本画ですが、M君に言われて見た横山大観の絵は、確かに素晴らしいなと思いました。油絵などで描く西洋の絵とは違って日本画は繊細な感じがしました。それでいて全体的にはパワフルなところが良かったです。それからは日本史に出てくる屏風などの絵も少し注意するようになりました。」（小6・男子）

こうした感覚を身につけていくことが、私はこれからの若者たちに大切だと思っています。もう一人、塾生レポートを紹介します。


「最後、四つ目は、国際人について学ぶことができました。「バッカーズ少年教育10原則」には「国際人とは何かを考えよう。自分の国を愛し、他の国の人とも友達になれ、他人の事も考えられることが国際人だ」とあります。

最初は何を言っているかよくわかりませんでしたが、島根県にある足立美術館に行って少しわかった気がしました。

足立美術館は綺麗な日本庭園や素晴らしい日本画がたくさんありました。バッカーズに入塾してから、幕末・明治の日本の歴史の本を読んでみました。その中では、明治時代は西洋の技術に追いつくのに必死となっていて、日本よりもすべて西洋の方が優れていると思って伝統・文化を大きく変えていったとありました。

ぼくは上野の美術館で展覧会に行く事があります。そこで西洋芸術・美術を見ると、すごい、綺麗だ、と思います。

バッカーズで訪れた足立美術館で見た日本美術は、それと同じように感動しました。西洋が優れている、日本が優れている、といった事ではなく、それぞれの文化の違いがあり、その中にそれぞれ素晴らしいものがあるんだと思いました。

相手の国の文化を壊して、みんなが同じやり方になる事が国際化ではないなと思いました。本当の国際人とは相手の考えを尊重する事だと思います。尊重するとは、すべて相手が正しいと考える事ではありません。自分の考えをしっかりと持ち、相手との違いがあれば、それをしっかりと理解し合える態度だと思います。また逆に外国の人に自分の考えを尊重してもらえるためには、しっかりとした考え・態度・行動が必要だと思います。」（小5・男子）

自国の文化を学ぶことは、塾生の思考と感性の様々なところに良い影響を与えていくことを感じます。足立美術館には、東京の塾生しか行っていません。九州の寺子屋では、冬の合宿の目的地は東京だからです。しかし、様々な形でその内容を共有していますし、卒塾生合宿で足立美術館に行く機会も作っています。

次のレポートは九州の塾生のものです。

「最後にこの一年で学んだことの三つ目ですが、「グローバルな人になるためには何が必要か」ということです。

一年間のバッカーズの活動ではスロバキアからの留学生を迎えたり、ヒルトン・シーホークでフランス料理を食べながらテーブルマナーを学んだり、箸使いなどの和食のマナーのコンテストや十周年記念で立食パーティ形式で卒塾生や支援者と交流したりなど、これまでやったことのなかった様々な体験をすることができました。

そこで学んだことは、グローバルな人として世界に出て行くためには、外国のことだけではなく、まずは日本の文化や習慣について学んでおく必要があるということです。

「灯台もと暗し」で、僕はいかに日本のことを知らなかったか、バッカーズの一年間の活動を通して気づかされました。

初めて和食のマナーを意識して和食をいただいたり、福岡県人なのに初めて明太子作りに挑戦したりする経験を通して、グローバルな人間というのは、外国語が話せるというだけではなく、自国の文化についても説明できる人だと思いました。

また、夏に長州ファイブのメンバーについて学んだとき、この時代に既にこのようなグローバルな人達がいたのだと知って大変驚きました。

僕達の世代は「内向き」で機会があってもなかなか海外に出て行こうとしないと言われます。長州ファイブは、海外に行くのが困難な時代にあって、危険を冒して海外に出て行き、日本のために最先端の技術を学んで持ち帰ったところがすごいと思いました。」（中1・男子）

自国の文化、他国の文化を学ぶことの大切さが、真の国際人を育てていくことにつながることを感じさせられるレポートです。

また、萩で学んだこと、足立美術館で学んだこと、企業訪問で学んだこと、座学で学んだこと、1年間の様々な学びが、全てつながりを持って、受け止められていることが伝わってきます。子どもたちの感性の素晴らしさを痛感するとともに、だからこそ、本物に触れる機会を作ることが大切だと改めて思います。

※「長州ファイブとは」

長州ファイブとは、長州五傑とも言われ、江戸時代末期（幕末）の１８６３年に長州藩から清国経由でヨーロッパに密航し、主にロンドン大学ユニバーシティ・カレッジなどに留学した５人の若者のことを言います。井上聞多（馨）、遠藤謹助、山尾庸三、伊藤俊輔（博文）、野村弥吉（井上勝）の５名の長州藩士のことです。

後に井上馨は「外交の父」と呼ばれ、遠藤謹助は「造幣の父」、山尾庸三は「工学の父」、伊藤博文は「内閣の父」、井上勝は「鉄道の父」とそれぞれ呼ばれるようになります。

ロンドン大学の１校であるユニバーシティ・カレッジ・ロンドン（ＵＣＬ）の中庭には、日本人24名の名前が刻まれた記念碑があり、そこには、この長州ファイブと、２年後に薩摩藩から留学に来た19名の若者たち（五代友厚、森有礼ら）の名前が刻まれています。

ちなみに、前述した小泉八雲という人物について学んでいけば、「ｔｓｕｎａｍｉ」という言葉を彼が世界に広げたこと、そして、戦後日本の在り方に大きく影響したことまでをも考えることができます。

小泉八雲は、稲わらに火をつけ村人を救った安政大津波の濱口梧陵の逸話をもとに、『生き神』（『稲むらの火』の原作）を書きました。それは、今では、世界で何カ国語にも訳され、色々な国で防災教材になっています。

また、先の大戦後に、マッカーサーの腹心として、日本の戦後処理に当たったボナー・フェラーズ（1896～1973）という人物がいます。彼はアメリカ陸軍将校で、今日の象徴天皇制の端緒を切り拓いたとされる人物です。なぜそのようなことになったのかといえば、フェラーズが、アメリカの大学で日本人留学生・渡辺ゆりと出会ったからです。フェラーズは、渡辺ゆりに、ラフカディオ・ハーンの本を紹介され、興味を持ち、全ての著作を集めて読破し、日本を深く理解しました。

フェラーズは、ハーンの「日本人の祖先崇拝と天皇崇拝は不可分の関係にある」とする日本文化理解に深く共感し、天皇の力を民主的に生かす新しい日本の戦後を提案したと言われています（その話は、『終戦のエンペラー』（ピーター・ウェーバー監督）という映画になっています）。

フェラーズは、戦前より小泉家とも親交が深く、「ハーンが私に日本を愛することを教えてくれた」と八雲の妻セツに語ったそうです。ちなみに、ラフカディオ・ハーンの曾孫で、現在の小泉八雲記念館の館長である小泉凡（ぼん）氏の名は「Ｂｏｎｎｅｒ（ボナー）」に由来するそうです。

勿論、戦後処理には、光も影もあります。いずれにしても、具体的な人のつながりが様々な運命を作り出してきたことは事実です。

もし、チェンバレンが『古事記』を英訳していなければ、ラフカディオ・ハーンは日本に来ていなかったかもしれません。そして、ラフカディオ・ハーンがいなければ、日本を深く理解した、ボナー・フェラーズのような人物は出てこなかったかもしれません。そうすれば、日本の戦後処理は、大きく違うものになった可能性があり、今の日本の姿がどのようなものになっていたかはわからないのです。

学びの旅にどこまでの奥行きを持たせられるかは、非常に大切なことです。歴史や文化を体感し、身近なものとして考えていくことが、思考の幅と深さをもたらしてくれるからです。

年3回の合宿で何を学ぶかは、企画・引率する人間がどこまで深く学び、伝えたいことが自分自身に本当にあるのかどうかが問われるものだと思います。楽しさも大切ですが、ただ楽しく見て回るだけではなく、自分で考え、心に残る何かをつかみとっていくような、学びの深さを追求することが大切だと考えています。

⑬「マナーを大切にする心」を育む

バッカーズ寺子屋では、マナーを身につけることを大切にしています。食事のマナー、公共の場でのマナー、ビジネス上のマナー、様々なことに触れていきますが、大切なことは、「相手に不快な思いをさせない」ということだと考えています。

大人でも子どもでも、「自分が恥をかきたくないからマナーが大事」という人はたくさんいます。しかし、そうではありません。食事の場や、ビジネスの場、冠婚葬祭の場など、人と人とが関わり合う場所で、互いに相手を尊重し、不快な思いをさせることなく、共に良き時間を過ごすためにマナーはあるのだと思います。その心の持ち方を塾生たちには、是非、身につけて欲しいと考えています。

マナーについて、塾生がどのような意識を持つようになったか、塾生レポートをまずは読んでいきたいと思います。

「私がバッカーズ九州寺子屋に入塾して、気づいたこと、感じたこと、学んだことは数えきれないぐらいたくさんありますが、一つ目は、マナーを守れるようになったことです。

バッカーズ九州寺子屋に入塾する前の私はマナーについて何にも知りませんでした。マナーというものは「自分が恥をかかないためにある」と思っていました。今思うと、入塾したてだった頃の萩オープニング合宿では、人がいても道をあけなかったり、公共の場所でうるさくしたりなどとマナーについての理解がなかったと思います。

バッカーズ九州寺子屋で、塾長や経営者の方々のお話をうかがったり、講座を重ねるにつれて、バッカーズ九州寺子屋の塾生としての自覚が芽生え、人としてどのように生きていけばいいかを考えるようになり、マナーについても意識するようになってきました。

十一月のヒルトン福岡シーホークでのテーブルマナー研修では、今まで知らなかったフォークとナイフの使い方、フランス料理の食べ方なども学べました。

また、服装や表情、態度までマナーということも知りました。

先日の萩往還のときも、人に道を譲ったり、道ですれ違った人に挨拶をしたりなど、私だけでなく、他の塾生もマナーを意識出来ていました。バッカーズ九州寺子屋に入塾し、マナーとは自分のためだけでなく、相手を不快にさせないためにあると知りました。そのことを知ってから、私生活でも相手のことを常に考え発言、行動をするようになりました。

まだ、マナーが完璧に身についているわけではないので、これからもマナーの知識を増やすとともに、それを実践し、バッカーズ九州寺子屋の卒塾生として恥ずかしくないような行動をとっていきたいと思います。」（中１・女子）

この塾生のメッセージから読み取れることの一つ目は、マナーを身につけるためには、まずは「知識」が必要だということです。

例えば、座席の上座下座にしてもルールを知らなければ、悪気がなくても失礼な振る舞いをすることになってしまいます。タクシーに乗る時、会食をする時、エレベーターに乗る時など、上座下座を瞬時に判断し、「どうぞこちらへ」とおすすめしたり、「お先に失礼します」とひと声かけて行動したりという判断が、マナーの知識がなければできないのです。

また、多くの人たちは、子どもの頃から、「そんなことしたら人に笑われるよ」と言われたり、「そんなことしてたらあのおじちゃんに怒られるよ」などと、自分が恥をかかないように、また、自分に不利益がないように、マナーを守るという意識になっています。

しかし、そうではなくて、「相手に不快な思いをさせないためにマナーを身につける」という本質を伝えた方が良いと私は思います。なぜなら、「誰がどう言おうと、私は恥ずかしいと思わないから、別にこのままで良い。マナーなど知らなくて良い」という開き直り方もできるからです。

しかし、「自分が恥ずかしい思いをする」という「自分の問題」ではなく、「相手に不快な思いをさせる」という「相手との問題」であることが理解できれば、これは自分だけの問題ではないから、身につけなければと思います。

そして、マナーを身につけることは、「自分の誇りある生き方の問題」でもあると気づくようになることが大切だと思います。その誇りは、日本人としてということでも、○○会社の一員ということでも、○○学校の一員ということでも、○○家の一員ということでも、何でも良いのです。

とにかく、自分の言動は、自分だけのものではないということに気づくことができた時に、人は大きく広い心を持つことができると思います。そして、誇り高き人とは、決して他人に偉そうにする人ではなく、周囲の人たち全てに、思いやりと心遣いができる人だとわかるのだと思います。

「バッカーズ九州寺子屋に入塾する前の私はマナーについて何にも知りませんでした。マナーというものは「自分が恥をかかないためにある」と思っていました。バッカーズ九州寺子屋で、塾長や経営者の方々のお話をうかがったり、講座を重ねるにつれて、バッカーズ九州寺子屋の塾生としての自覚が芽生え、人としてどのように生きていけばいいかを考えるようになり、マナーについても意識するようになってきました。」（中１・女子）

塾生の言葉にもあるように、マナーとは決して形ではなく、「人としてどのように生きていくのか」ということにつながっている大切なことなのです。そのことを心からわかって欲しいと思います。

学校では、様々な校則があります。中学、高校ともなれば、反抗期真っ盛りの生徒も多く、何百人という生徒が落ち着いて勉強に向き合うように指導していくことは大変なことです。だから、ついつい、「あれをしてはいけない。これをしてはいけない」という禁止型の指導になりがちです。

そうした生徒指導とマナー指導がごちゃまぜになっているので、マナー指導がきゅうくつなものに感じられるのだと思います。また、生徒の問題行動やマナー違反で学校外の人に迷惑をかけると、先生としては、指導してきたにもかかわらず、その生徒のせいで学校の顔に泥を塗られたという意識になります。だから、マナーを知らないことは「恥ずかしいこと」と思うようになるのもよくわかります。しかし、腑に落ちなければ人間はその行動を改めることはありません。本当にマナーを身につけてもらいたいと願うのなら、その本質と心を伝えることが大切だと思います。また、指導者自身がマナーをわきまえた立ち居振る舞いができていることが大切だと思います。

こんな話を聞いたことがあります。ある中学校の生徒が、会社訪問にやってきて、全員が、実に礼儀正しく、あいさつも気持ち良くして、帰って行ったそうです。しかし、翌日、忘れ物をした生徒が数名でやって来て、あいさつもできず、ろくにお礼も言えず帰って行ったそうです。その姿を見ていて、昨日の生徒と果たして同じなのだろうかと思ってしまったということでした。

では、なぜそのようなことが起きてしまったかというと、訪問した時には、先生からこと細かに、「ああしなさい、こうしなさい」と言われていたからできたのです。しかし、自分の判断で行動していたわけではなかったので、先生がいないと、どう振る舞って良いかわからずに、まごついて終わってしまったのです。

本当の意味でマナーを身につけるということは、行動や生き方が変わるということです。人にやらされるのではなく、自分の判断で、相手のことを考えた立ち居振る舞いができるようになることです。マナーの心と原理原則を教えて初めて、楽しくみんなが過ごせるよう配慮する心が育つのだろうと思います。

そのことを、次の塾生のメッセージは教えてくれます。

「また、服装や表情、態度までマナーということも知りました。先日の萩往還のときも、人に道を譲ったり、道ですれ違った人に挨拶をしたりなど、私だけでなく、他の塾生もマナーを意識出来ていました。

バッカーズ九州寺子屋に入塾し、マナーとは自分のためだけでなく、相手を不快にさせないためにあると知りました。

そのことを知ってから、私生活でも相手のことを常に考え発言、行動をするようになりました。」（中1・女子）

⑭「感謝心」を育む

「少しは感謝しなさい！」この言葉は、子ども時代に、親からも先生からもよく言われた言葉です。バッカーズ寺子屋でも少年教育10原則の一つに、「感謝心を持とう」というメッセージが含まれています。ただ、感謝心を育むということは、感謝心を持てという押しつけをすることとは違います。そこで大切になるのは感謝に対する考え方です。私はバッカーズ九州寺子屋の経営者の方から教えていただいた、二つの感謝に対する言葉と考え方を大切にしています。

一つ目は、「ありがとうの反対はあたりまえ」という言葉です。私たちは、色々なことを人にしてもらうことが「あたりまえ」になってしまえば、感謝の気持ちは起きません。したがって、「ありがとう」という言葉も出てきません。朝、親に起こしてもらって当たり前、食事を作ってもらって当たり前、洗濯をしてもらって当たり前。そんな日々の中から、深い感謝の心など育ちようもないのかもしれません。

バッカーズ寺子屋では、第1回目の合宿のバーベキューは、食材の買い物、食事の準備、後片付け、あらゆることを全て自分たちでやってもらいます。日頃、全くやっていない子どもたちも多いので、こちらが手を出さずに皆にやり遂げてもらうのは大変です。時間もかなり費やすことになります。

しかし、その体験を通して、自分がどれほど、毎日、「していただいているのか」に気づいていきます。当たり前ではないし、親は仕事をしながらこれだけのことを毎日して下さっていたのだということに気がつきます。それだけで、何も言わなくて良いのです。感謝しなさいとことさら言う必要もありません。

人は自分で苦労を背負ってみた時に、初めて、苦労を背負ってくれている人の気持ちがわかります。理屈でわかるのではなく、体験で感じ取るのです。そうした場を作ることが私は一番大切な教育だと思います。

二つ目は、「感謝はするものであって、されるものではない」という言葉です。これもまた、心の隅にいつも見返りを求めている自分の心に大きな戒めとなる言葉であり、感謝の本質を突いた言葉だと思います。

感謝とは、ギブアンドテイクではないのです。「○○をしてくれたから感謝する」というのは、本当の意味での感謝ではないし、「こんなにしてあげたのに、お礼の言葉一つもない」というのはやはり、感謝されたいという見返りを求める心の未熟さがあるのだと思います。

バッカーズ寺子屋では年に2回、スピーチコンテストを開催します。1回目のテーマは「伝えたい感謝の言葉」です。これは、身近なテーマをいかに具体的に深く掘り下げて語るかというところに照準を当てたテーマ設定です。対象は、親・兄弟・友人・先生など、「人」でも良いし、ランドセルや鉛筆や食べ物などの「物」でもかまいません。

まず、自分が本当に感謝している対象は何かを塾生たちは考え始めます。実際に練習の時に言葉に出してみると、本当に思っていないことを無理に語ろうとすると白々しくなることを体験し、きれいごとや表面的な話をしても駄目だということに気がつきます。

そして、スピーチコンテストの本番では、様々な感謝の捉え方があることをお互いのスピーチから学んでいくことができます。

コンテストですから、当然、上位者の表彰があります。入賞者たちのスピーチは、本当に自分と向き合い、辛かったこと、悲しかったことを乗り越える過程に、多くの人の支えがあったことなどを語ってくれます。保護者の方々が涙するようなスピーチもいくつもあります。

こうした場で、恥ずかしがったり、斜に構えたりせず、真っすぐに思いを語ることができるのは、日頃の講座の中で、経営者の皆様が多くの人たちに感謝し、心を尽くしている姿を目の当たりにしているからだと思います。

また、感謝を言葉に出せるようになる体験は、甘えた心を捨て、子どもを大人へと脱皮させていく大きな力を持っていると感じます。

この感謝について、塾生は様々な言葉で表現していますが、その一つを紹介します。

「バッカーズ九州寺子屋で学んだことの一つは、感謝の気持ちを素直に言えるようになったことです。バッカーズ寺子屋では、バッカーズ少年教育10原則にもあるように、「感謝心」を大切にしてきました。たしか、はじめの頃の講座で、イス一つ作るのにもたくさんの人が関係していて、その人たちに感謝して使わなければ失礼だということを学んだときに、心のどこかにドキッとくるものがありました。普段の生活を反省してみると、物を粗末に扱っていることが多いように感じました。それ以来、自分は物を大切に使うよう心がけました。消しゴムは投げずに全部使い、靴がボロボロになってもできるだけ修理しました。そうしているうちに、自然と人に対しても優しくなってきました。

そして、感謝の言葉を自分の口から言えるようになりました。あいさつも自分からするようになりました。

たった一つの講座で、自分は内面から変わりました。こんなにも面白くて、自分のためになる塾は初めてで、バッカーズ寺子屋に入塾できて本当に良かったと改めて思いました。

感謝心は、人生の中で、人と人とが協力して生きていく上で、最も大切なコミュニケーションだから、これからも感謝心を忘れずに過ごしていきたいです。」

（中１・男子）

感謝の心が育つということは、その人間の心構えが変わるということです。反抗期に感謝について、心の中でわかっていても言葉にできないのは、そこに甘えがあるからです。甘えた心を捨て去ることと、感謝心を持つことは、深く関わるものだと思います。

また、自分がどれだけしていただいているかに気づくことができれば、人に対しても、物に対しても、優しくなることができるのだと思います。「感謝しなさい」「優しくしなさい」「物を粗末に扱ってはいけません」と叱ってみたところで、本当の感謝の気持ちは育まれません。大切なことは、「様々なことは目に見えないところでつながっている」ということに気づくことです。それをしっかり見ていくことで、どれだけ自分がしていただいているかに気づくことができ、感謝の心が芽生えてくるのだと思います。

塾生のレポートに出てくるイスの話も、世の中には「ちっぽけな仕事」などないという話の中で伝えたことです。一つのイスも、木を切ったり、金属を加工し、土台が組み立てられ、皮や布を張ったり、ネジで部品を留めたり、様々な仕事があって、多くの人の力が合わさって完成するものです。「そんなネジを締めるなんてつまらない仕事はしたくない」と言って、誰もがネジを締めることをしなかったら、私たちはイスに座ることすらできなくなってしまいます。志の大切さを伝えると共に、小さなことにも目を向けることの大切さを伝えているのですが、そうしたことを、しっかりとキャッチしてくれていることを嬉しく思います。

⑮「努力する力」を育む

「努力」の大切さについては、誰もが色々な形で耳にしてきていると思います。しかし、自分の努力がどれほどのものかということには、自分では気づかないことが多いと思います。

私もそれなりに努力をしているつもりでいました。しかし、それは「つもり」でしかなく、大した努力ではなかったことを、人との出会いで強烈に突きつけられ、気づかされた経験があります。40歳を過ぎての経験でしたが、それは自分にとって大きな転機となりました。

「努力の大切さを知る」という、この当たり前のことを塾生はどう捉えたのか、まずは、塾生のレポートを読んでいただきたいと思います。

「私は今まで、自分は努力をしていると思っていて、勉強においても、習い事においても、人並み以上の努力はしているから大丈夫という、根拠のない自信を持っていました。

しかし、吉田松陰先生をはじめとする歴史上の偉人や、経営者の方々の生き方を学んでいく中で、自分の努力はそのような人々とは比べものにならないほど小さなものであると気づきました。吉田松陰先生は、国をもっと良くするために考えられないほどの努力をされました。

しかし、努力をすることは、口で言うのは簡単でも、実際にすることは難しいと思います。本当の意味で努力をするということは、その分野において、たとえ実際はそうでなくても自分が一番優れていると胸を張って言えるようになることだと思うからです。

自分に厳しく努力を続けることは、並大抵の覚悟ではできないのではないでしょうか。野口英世の言葉の中に、『努力だ、勉強だ、それが天才だ。誰よりも三倍、四倍、五倍勉強する者、それが天才だ』という言葉があります。偉人の中には、生まれながらの天才もいると思いますが、大半が努力をして成功した人だと思います。

他の人とは比べものにならない努力をすること、そしてその努力に満足することなくハングリー精神を持って常に高い目標を掲げ、努力を重ねることが大きなことを成し遂げるための一番の近道だと学びました。

私はまだ15年ほどしか生きていませんが、バッカーズで学んだことでこれまでの私の価値観は大きく変わりました。高い目標や志を持ってあきらめずに努力していこうと思いましたし、誰よりも速く行動していこうと意識が変わりました。

バッカーズに通わせてくれた両親や、経営者講話、企業訪問を経験させて下さった経営者の方々、塾長やスタッフの方々に本当に感謝しています。ありがとうございました。これからも、志高く、バッカーズ少年教育10原則を自分の行動原理として努力していきたいと思います。」（中3・女子）

「他の人とは比べものにならない努力」をしている人たちがいることを15歳で知り、「努力に満足することなくハングリー精神を持って常に高い目標を掲げ、努力を重ねることが大きなことを成し遂げるための一番の近道だ」と学んでいる塾生たちに、私は大きな期待を寄せています。

彼女の中では、歴史上の人物も、経営者たちも、血の通う生きた人間として、自分の鑑となる存在として受け止められていることを感じます。それは素晴らしいことです。

なぜなら、「そんな人たちは、所詮、私とは別世界の人だ」と線を引いて、理想を思い描くことを諦める人たちも多いからです。しかし、それでは人間も社会も進歩しません。「彼も人なり、我も人なり」という心構えを忘れずにいたいものです。

また、彼女の次の記述も心に響きます。

「私はまだ15年ほどしか生きていませんが、バッカーズで学んだことでこれまでの私の価値観は大きく変わりました。高い目標や志を持ってあきらめずに努力していこうと思いましたし、誰よりも速く行動していこうと意識が変わりました。」（同）

「価値観が変わるほどの出会い」を私たちは、人生の中でどれだけ経験してきたでしょうか。これはそう簡単に手に入れられるものではないと思います。

しかも、10歳から15歳という多感な時期に、その出会いがあり、「高い目標や志を持ってあきらめずに努力していくことの大切さ」を知り、「誰よりも速く行動していく意志」を自分の手にすることができたのです。

何のために学ぶのか、何のために働くのか、何のために生きるのかを考え、志高く人生を歩んでいく若者たちが、数多く育っていくことを私は切に願っています。

また、努力は志が定まっている時には、苦しいものではなく、楽しいものにもなっていきます。そして、真剣な努力をしたからこそ、大きな達成感も手に入れることができます。前述した自分の努力のレベルを知ることも大切ですが、努力の楽しさや、努力とは何かということも、自分なりに理解できると良いと思います。そのことを次の塾生は書いてくれています。

「第一回スピーチコンテスト、「伝えたい感謝の言葉」というテーマでスピーチした。あの時、私はその相手を誰にするかでとても迷った。両親・友だち・先生など、いろんな人が頭の中を駆け巡った。様々なテーマで原稿を書いてみた。しかし、その時に私は違和感を感じた。

もっと近いところに相手がいる、あるのかもしれないと思ったのだった。それが「歌」だった。原稿を書いている時は楽しくて、伝えたいことがたくさんあるのに気づいた。塾長に読むといいとおすすめされた本は全部読んだし、何度も書き直した。私はスピーチの練習をしている時、心の奥底で最優秀賞をいただきたいと思った。それは、自分のどこかから湧いてくる力を感じたからだった。おそらくそれは、スピーチする自分の言葉が、心から出ているものだったからだと思う。

願いが叶ったと知ったときは、心から嬉しかった。その日は誕生日の前日だったから、今まで最高のプレゼントをいただけたことに感謝したいと思った。もしそれほど努力せずに賞をいただいていたならば、あれほどの喜びを感じることはなかったはずだと、少し経ってから思った。本気で努力するというのは、努力をしようと意識するのではなくて、努力していることを忘れて打ち込むことなのだと気づいた。

バッカーズと学校の違い、それは周りの意識の違いだと思った。人は周囲に左右されやすいからかもしれない。学校では「10できても、８ぐらいでいいや」という空気が流れていることが多い。私も今まではそんな空気に流されていた。でも、バッカーズの仲間と一緒にいるときは、「これくらいでいいや」と思うことはなかった。むしろ、自分から「もっと上へ行きたい」と思うことばかりだった。」（中２・女子）

努力の大切さ、そして、真剣に切磋琢磨できる仲間がいることの大切さも、成長していく上でとても大事なことです。自分の限界は、他でもない、自分自身が決めているものです。それを打ち破って、もっと上へ行きたいという気持ちを仲間と共有することが、一人ひとりを大きく成長させていきます。真剣でいられる空間、努力の価値を体感できる空気感が、学び舎にとって、とても大切なのだと思います。

そして、もう一つだけ、私が努力について伝えていることがあります。それは、「努力しても報われないこともある」ということです。例えば、オリンピックで金メダルを目指して懸命に努力した選手が、銀メダルに終わってしまった。それは努力が報われなかったということです。なぜなら、欲しかったのは金メダルであって、銀メダルではなかったからです。しかし、その努力の価値は決して損なわれることのない素晴らしいものです。だから、こうも言えます。「無駄な努力は一つとしてない」のだと。

「努力は必ず報われる」「夢は必ず叶う」ということはよく言われます。しかし、努力しても結果が出ないことはあるし、夢が叶わないことだってあるのです。なぜなら、努力して出そうとしている結果や、叶えようとしている夢を手に入れるために必要なことは、自分との闘いであると同時に、他人との闘いでもあるからです。自分も頑張ったけれど、他人の努力の方が勝っていたということもあるのです。だからこそ、「努力しても報われないこともある」ということを知っていて欲しいと思います。

しかし、同時に、「無駄な努力など何一つない」ということも肝に銘じて欲しいと思います。なぜなら、その時の真剣な努力は、その時に結果が出なかったとしても、回り回って、いつか必ず花開く時が来るからです。

⑯「強い精神力」を育む

バッカーズ寺子屋の教育の中では、志を立てること、目標を持つことの大切さを様々な角度から伝えています。また「鍛練」ということも意識して、『大学』の素読を行ったり、萩往還30キロメートルを1日で歩いたり、様々な形で子どもたちに負荷をかけることを意識しています。

最初の4日間の合宿でも、史跡探訪、釣り、買い物、バーベキュー、萩焼作り、グループでのプレゼン、解散式でのスピーチと、フルに体と頭を動かして、出会って間もなく、まだよく知らない塾友たちとコミュニケーションをとり、チームを作っていきます。4日間の中で、疲労と睡眠不足で、体力の限界を超えそうになった時に、初めて精神力の大切さを実感することができるようになります。

また、歴史上の先人たちの生き方に触れたり、経営者の言葉に触れることからも「精神力」の大切さ、「気力」の大切さを感じ取っていると思います。

塾生は、「精神力」について次のように捉えています。

「精神力の大切さを感じさせてくれたのは、おもに２回の合宿でした。東京合宿と萩往還30キロメートルを歩く合宿です。この２回の合宿では、精神力がとても必要でした。東京合宿では人混みの中、集合時間に間に合うかな？という不安に圧迫されそうになったり、萩往還では同じような道ばかり長い距離を歩いてつまらなくなったりしたからです。

しかし、昔の偉人たちはそのようなことは楽勝！と思うはずです。吉田松陰先生は、人生で、日本からアメリカまでの距離に値する一万キロメートル以上を歩いたとされています。それに、野山獄に入れられてもポジティブに考え、松下村塾を作ることができました。

吉田松陰先生たちから感じたことは、「体力をつけるには精神力をつけなければいけない」ということです。もっと言うなら、精神力をつけるには目標が必要だということです。アスリートでも経営者でも成功する人は必ず目標が大きいのだと思います。おそらく、体力・精神力・目標は１本の線で繋がっていると思います。

僕はホームカミングデイの文集でも書いたとおり、部活動で砲丸投げをしています。僕は、去年より体力があるとしても、大会や記録会では、失敗するかもしれないという不安に襲われてしまいます。

しかし、その原因がバッカーズに通ってみてわかりました。それは、精神力が足りないということです。精神力を鍛えるためには、大きな目標を明確に立てる必要があります。なぜなら、小さい目標だと、すぐにかなってしまい、そこで終わってしまうからです。

福豊帝酸株式会社の宮嶋社長からは「夢はでっかく根は深く」という言葉を紹介してもらいました。僕もこの言葉どおりに大きな目標を立てて、それにあった努力をたくさんして、体力と精神力を鍛えていきます。」（中１・男子）

この塾生のメッセージで、なるほどと思わせられたのは、次のくだりです。

「吉田松陰先生たちから感じたことは、「体力をつけるには精神力をつけなければいけない」ということです。もっと言うなら、精神力をつけるには目標が必要だということです。アスリートでも経営者でも成功する人は必ず目標が大きいのだと思います。おそらく、体力・精神力・目標は１本の線で繋がっていると思います。」

おそらく、学校で歴史の授業を受けて、「体力をつけるには精神力をつけなければいけない」という感想は出てこないだろうと思います。これは、知識として先人の生き方を学ぶだけではなく、それを体感できる合宿を経験したからこそ生まれてくる感想です。

吉田松陰という人は、江戸へ行ったり、東北を遊歴したり、日本中を歩いて回ります。生涯で約１万２５００キロメートルもの距離を歩いています。国防のため、また、優れた師や同志との出会いと学びを求めて旅したという松陰の旅の目的を知り、わずか30キロメートルとはいえ、１日だけでも先人の歩いた道を歩き、その追体験をすることで、先人たちの「目的を達成せずにはおかない」という強靭な精神力を塾生たちは感じることができます。

そして、吉田松陰先生の生き方と、今を生きる経営者の話を重ね合わせた時に、「体力・精神力・目標は１本の線で繋がっていると思います」という言葉が生まれたのです。

更には、自分の部活動での体験と重ね合わせて考え、「大会や記録会で、失敗するかもしれないという不安」を抱くのは、「精神力が足りないからだ」と自分自身で気づいています。

それを乗り越えるためには、すぐかなうような小さな目標ではなく、大きな目標を持たなければならない。そのことに気づいた塾生は、経営者講話で紹介してもらった、「夢はでっかく根は深く」という言葉に触れて、「大きな目標を持つこと＝夢はでっかく」であり、「根は深く＝日々の努力を重ねて精神力を鍛え、それを自分の土台とすることだ」というふうに捉え直しています。素晴らしい気づきだと思います。

こうして体験を通じて手に入れたことを、自分の言葉で改めて言語化することで、「精神力・目標・体力の大切さ」と、「その三者が一体であるということ」は、彼の心にしっかりと刻まれていると思います。

「精神力を鍛える」ということの大切さはよく語られることですが、それを身につけるために具体的にどうすればよいのか。ここに一つの方法論があるのだと思います。

⑰「失敗を恐れない力」を育む

イマドキの新入社員は、失敗を極度に恐れているという話を耳にします。親や先生からこっぴどく叱られることも経験せず、ほめられ、甘やかされてばかりで育てられてきたから、失敗すること、叱られることに免疫がなく、それらのことを極度に嫌がるし、打たれ弱いというのです。

また、過保護な母親の話もよく耳にします。私たちの世代では、親が大学の入学式に来るとか、入社式に来たがるなどというのはあり得ない話でした。もうそこまで来れば大人だというコンセンサスがあったからです。

また、新入社員が会社の電話に出るのを怖がるなどということも、想像もできないようなことです。昔は、自宅に1台しか黒電話がない状況でしたから、親の会社の同僚や上司からの電話がかかってくることもあるし、かけた時にも友人の親が出ることを想定しながら話すのが当たり前のように求められていました。

しかし、今は、一人1台のスマホがありますし、誰からかかってきているかはディスプレイに表示され、一目瞭然です。だから安心して電話に出られるし、非通知だったり、知らない番号からの電話だと出ないということの方が常識的になっています。

それが会社に入ると、電話をかけているのが誰かもわからないし、どんな内容の話をされるのかも予想が付かないまま、電話に出なければなりません。下手に電話に出て、失敗して恥ずかしい思いをしたり、怒られたりする可能性のある電話は恐怖だというわけです。確かにその対策としては、電話に出ないのが一番です。しかし、それでは仕事になりません。

「心が折れる」というような言い方もよく耳にするようになりました。「巨人の星」や「あしたのジョー」などの根性物のマンガなどとも縁がなく、ましてや実体験もないのですから、忍耐力やチャレンジ精神や失敗を恐れないタフな心は、言葉として聞いたことはあっても、実体験とはあまり縁のないものになっているのかもしれません。

たかだか電話でさえそうなのですから、実際に仕事で失敗することに対しては、大きな恐怖を抱えていると思います。

この対応策は、指導者の側に大部分は委ねられることになると思います。つまり、指導者自身が、失敗を恐れない心を持っているかどうかが大切なことであり、自分が指導すべき存在が失敗をした時に経験する恥ずかしい思いを、我がこととして、自分も堂々と受け入れられる度量があるか否かが問われているのです。

例えば、バッカーズ寺子屋では、スピーチコンテスト本番でも、失敗をすることをネガティブに捉えてはいません。もちろん、スピーチコンテストでは保護者の方や経営者の方もたくさん来て下さいますから、上手くできた方が良いかもしれません。私もこの寺子屋をスタートした頃にはそう思っていました。

しかし、そうではないのです。失敗こそが最も大きな学びであり、それを子どもたちと共有することが大切なのです。塾生と共に、恥ずかしく悔しい思いをするのです。しかし、必ず、次のスピーチでは自分の言葉で本音のスピーチができるようになろう、心からの思いを伝えるスピーチをしようと塾生たちを励まし、彼らの成長を心から信じることが大切なのです。そつなくこなせば一見成功したように見えます。しかし、それは価値のない成功に過ぎません。そつなくこなすことよりも、価値のある失敗の方が大切なのです。

塾生たちの言葉からは、失敗に対する考え方が変化していっていることを読み取ることができます。こうした心の成長こそが、教育にとって大切なことだと私は思います。

「他にもバッカーズに入って変わったことがあります。まず、失敗を恐れないことです。私は、萩合宿、東京研修でリーダーを務めました。リーダーというポジションなのにもかかわらず、失敗ばかりしていました。萩合宿では、プレゼンテーションの制作に集中しすぎて、集合時間ギリギリに集合したり、東京研修では、学校みたいにある場所に連れて行ってくれるわけでなく、自分たちで予定表を見て『次何をすべきか？』と先のことを考える先見性や失敗から学んだ5分前行動をこころがける習慣がつきました。

東京研修の時に、電車のホームで男子が他のお客さんに迷惑をかけるかもしれない状況の時に『失敗させればいいんです』と木村塾長がふと小さな声でささやいていました。私は、ちょうど後ろを歩いていたので、その言葉が聞こえました。

その時に、『私たちは堂々と失敗させてくれる環境をもっている』と実感しました。普段の学校では、先生が事前に注意したり、叱ります。しかし、バッカーズは、学校より注意することは、少ないと思います。学校では、周りの目ばかり気にして、堂々と失敗できませんが、バッカーズには堂々と失敗できる環境があります。この環境があるから、失敗から学んだことが今に活かされていると思います。バッカーズの研修には、小さなことでも感じさせられる、考えさせられるトリックがたくさん詰まってます。私は、この環境が大好きです。この失敗させてくれる環境に本当に感謝しています。」（中３・女子）

彼女は、日本の受身の教育を変えたいという志を持ち、在塾中に、高校はバカロレア認定校に行き海外の大学に行くことを決意しました。将来、日本に戻ってきて共に教育改革に力を注げることを期待しています。

失敗については、第1章の中で紹介した塾生のレポートの中でも触れてありますから、ここでは一人だけにとどめておきたいと思います。

「失敗を恐れない力」を育むためには、失敗を経験する必要があります。安全に、数多くの失敗を経験して、そこから様々なことを学び取る経験が大切なのです。また、チャレンジさせることも大切です。そして、失敗を安心して経験できるようにするためには、指導者の側に、子どもたちを心から信じる心の強さが求められます。信じていないから、任せられないのです。失敗が成長につながることを信じていないから、失敗をさせないようにするのです。

バッカーズ寺子屋の最初の合宿では、釣りやバーベキューや花火をはじめ、楽しいことに思いきり取り組みます。夢中になって遊んで、チームを作るのです。勿論、志について学ぶというテーマもありますが、それは、少しずつわかっていくことですから、まずは松下村塾を見たり、維新の志士たちが生まれた城下町を歩いたりして感じ取ることが大切です。

この失敗を恐れないということに関して、大切な意味を持つ体験の一つは「釣り」です。釣り場に行って、一から仕掛けを準備するところから塾生たちにはやってもらいます。色々と失敗をしながらも何とかやっていかないと、時間だけが過ぎていって楽しい釣りができません。釣り始めると、萩の海は豊かですから、入れ食い状態で魚が釣れ始めます。そうすると、皆は夢中になって釣ります。

そこで、釣り上げた生きた魚と初めて対面する子どもたちが出てきます。ピチピチはねている魚をつかんでクーラーボックスに運ぶ必要があります。ここでは、絶対に自分で魚をつかんで運ばせる指導をします。「魚の目が怖い」「ヌルヌルする」「跳ねてつかまえられない」「気持ち悪い」色々なことを塾生たちは言います。なかなか魚に触れない子には、指1本で触らせることから始めて、なんとかつかめるところまでいくようにします。大騒ぎしながらも、全員が魚を釣り上げ、触って、つかんで、クーラーボックスに運べるようになります。

そうして夕方には、釣れた小アジを手捌きで内臓を出させるところまで一緒にやっていきます。そして、小麦粉をつけて油で揚げて塩を振っていただきます。その美味しさに、みんなは驚きます。

なぜこうしたことをするかというと、「できなかったことが、できるようになる」という経験が、「私はできなかったことも、チャレンジすればできる人間なのだ」という感覚として、一人ひとりの子どもの心に宿っていくからです。

そのことの深い意味に気づいたのは、カナダ人の心理学者であるアルバート・バンデューラ博士（スタンフォード大学）の「ヘビ恐怖症の克服実験」の話を知ってからです。ヘビが苦手な人に、様々な言葉がけをしながらヘビに近づかせて、最後はヘビを素手で触れるようになっていく。この「案内付きの習得」と言われる一連の行動によって、ハードルを一つ一つ乗り越えた被験者は、自分は最終的にヘビに触ることまでできたという大きな達成感を得られる。そうすると、この経験が、他のことに対しても、無用な恐怖心や、不安を持たない力となり、物事に対してより熱心に打ち込み、打たれ強い性格になるというのです。

アルバート・パンデューラ博士は、これらのプロセスを総称して「自己効力感（self-efficacy)」と呼び、教育現場での応用を提唱しています。

この話を知った時に、私は、「ヘビでなくていいんだ。魚でいいんだ」と反射的に思いました。この自己効力感の獲得は、勉強とは一見関係のないところで習得でき、勉強にも人生にも大きな力を発揮するものだと思います。

つまり、自分の人生の志を確立する上での大きな力にもなるのです。

自己効力感で得られる「失敗を恐れない心」について、塾生は次のように書いています。

「学んだことの一つめは、「未来や過去にとらわれない」ということです。前まで私は、次の日のことを心配したり、過去を振り返って悔んだりすることが多かったです。けれど、これは全く意味のないことだと知りました。

過去を反省してそこから次に備えたり、未来の目標を立てることは大切です。でも未来を心配しても、事は何も好転しないし、過去の失敗や不運を嘆いたからといって過去が変わるわけでもない。そんな暇があったら「今」できること、「今」しかできないことをするべきだと思うからです。

二つ目は、「地上最強の商人」の中にあった、「しかし、次の曲がり角の向こうに、成功は隠れているかもしれないのだ。だが、その角を曲がらないかぎり、何人も、そこに成功があるかどうかは、けっして知ることはできないのである」という言葉です。

私はこの言葉にはっとしました。確かに曲がり角の向こうにあるのは失敗かもしれません。でもそれは逆に成功かもしれないのです。どちらにしても、曲がり角を曲がらないかぎりたどり着かない……成功することもできないし、失敗から学ぶこともできないのです。

失敗するかもしれないから、曲がり角を曲がらないという選択肢もあります。けれど私は、曲がり角に出会ったら恐れず曲がりたいと思います。たとえ、その結果待っていたものが失敗だったとしても、そこからまた得るものがあるからです。確かに失敗は嫌な思い出です。でも、これまでを振り返ってみて、何かを学ばなかった失敗なんてありませんでした。」（中1・女子）

「失敗を恐れない力を育む」その根底には、指導者に「失敗の意義」への深いまなざしがなければならないのは言うまでもありません。それは、指導者自身に、多くの失敗を経て、なお多くのものをつかみ取ってきた経験が必要なのかもしれません。また、失敗や逆境、厳しい世間こそが最良の教師であるといった信念を持っておくことも大切だと思います。

そして、何より子どもたちへの深い信頼がなければなりません。子どもを信頼するということは、子どもの失敗は、自分の失敗として受け入れる覚悟のようなものがなければならないということです。チャレンジした結果について、絶対にはしごを外すような真似をしないということです。他人事と思えば、「何をやっているんだ！」という感情的叱責にしかなりません。そうではなくて、この失敗がこの子を必ず大きく成長させていく。今回の失敗は良かったことだと本当に心から思えるかどうかが問われているのです。

他の力同様、「失敗を恐れない力」もまた、知識でも技術でもありません。体験を通して感覚としてつかみ、それを言語化し、深く考えていくことで、他の場面でも活かされる力になっていくのです。

⑱「困難に打ち克つ力」を育む

⑯「強い精神力」を育む、でも触れましたが、バッカーズ寺子屋では萩往還30キロメートルを1日で歩きます。42・195キロメートルのマラソンに較べれば距離は短いのですが、アップダウンがあり、グループで歩くために自分のペースで歩くわけにもいかず、小中学生にとっても、大人にとっても時として厳しい道程になります。

晴天で気温が上がれば体力を消耗します。足にまめができたり、ひねったりすれば、その時の痛みは小さくても、歩き続けている中に、次第に痛みは強くなっていきます。また、雨天決行ですから、1日中土砂降りの中を歩くのは気が滅入りますし、下り坂の石畳は雨で滑りやすくなっていますから、ものすごく神経を使って一歩一歩を歩くことになります。

そんな研修ですが、14年間、一人もリタイヤはしていません。足を痛めたり、おなかが痛くなったり、気持ちが弱く体力に自信がなかったりして、リタイヤしそうになった塾生は何人もいます。その時に、強烈に叱咤激励したり、仲間に励まされたり、色々な支えがあって全員がゴールしていくのです。

実はこの研修にはいくつもの仕掛けがあります。それは体感していただくしかないものですが、例えば、次のようなことが体感できるように作られています。

1、人生は道。どのように歩くかは自分が決める。

愚痴を言っても、ぼやいても、道は短くならないし楽にもならない。仕事も同じ。どうせなら励まし合い、笑い合って働く方が楽しい。

2、「美しいゴール」＝「志」を持つ。

ゴールは国宝・山口市瑠璃光寺五重塔で、前日にそこを訪れている。だから、美しいゴールの映像が常に意識の中にある。ゴールを駅のトイレの前、などに設定するのではなく美しいゴールに。自分の人生の志も素晴らしいものに定める。

3、一歩を踏み出し続けることの大切さを知る。

一歩を踏み出すことは困難ではない。しかし、踏み出し続けることは大変なこと。だから目的が必要。

4、中間目標の大切さを知る。
ゴールという目的も必要だが、いくつもの小さな目標や、中間目標（萩往還では、鉄塔の建っている山）もまた、達成感を生み出してくれる。人生も仕事も同じ。

5、やり遂げると決める。できない理由を探さない。
この研修は、雨天決行。土砂降りの時などは、私もやめたくなる。しかし、やると決めた以上は絶対にやり遂げる。できない理由を探さず、どうすればできるかだけを考える。

6、人間は五感で大切なことを学ぶ（すぐにわかることは大したことはない）。
自然の豊かさ。仲間の大切さ。先人たちが歩いたのと同じ道を歩いた経験。歴史や志の大切さなどを体感していくことが大切。

7、自分ができていないことを陰で支えている人が必ずいる。
チームメンバーの支えや、合宿をサポートしてくれている様々な人たちのことを想像する力を育む。

8、体力が大切。足りなければ、気力で補う。
塾生によっては、鍛えられていないので、逃げ出したくなることもある。これまでの生活で、「もう無理です」と言うと、簡単に休ませてもらえた子どもたちはすぐ諦めてしまう。しかし、逃げ道がないこと、助けてくれる仲間たちがいることで、初めて困難に打ち克ち、やり抜いた経験となる塾生もいる。

9、小さな当たり前のことをきちんとやり抜く力。

装備に手を抜かないこと。時間を守ること。一歩を踏み出し続けること。チームの皆に心を配ること。こうした当たり前の単純なことを、一人ひとりがしっかりやらなくては、全員でのゴールはできない。

10、応答する力。

苦しい時に、歩きながら話をし、歌を歌い、しり取りをし、元気づけてくれる塾生に反応することで、自分の気持ちが楽になるし、チームの雰囲気を明るくすることに気づく。無反応では、その力にはならない。

私たちは、1日歩けば終わりですが、この日々を1カ月以上繰り返して、吉田松陰はじめ先人たちは、江戸へ行ったり、長崎へ行ったりしていたことの大変さを実感します。その時、先人たちが心身共に強靭であることに気づき、自分の弱さを自覚することもできます。それが「困難に打ち克つ力」につながっていきます。

塾生は、次のように感じ取ってくれました。

「五月の萩の合宿では、萩往還を歩きました。30キロメートルの道のりと聞いても、約半年前に、学校行事で築地から横浜までの36キロメートルを十一時間以上かけて完歩していた僕は驚きはしませんでした。実を言うと、自信もありました。歩き始めると、予想通り、前半は楽しく歩けました。その時は余裕で、じゃんけんで負けた人は列の一番最後まで走りまた帰ってくるというくだらないゲームも男子でしていました。

でも後半になると、段々と様子が変わってきたのです。気温も、半年前は冬だったので涼しかったのですが、今回は国道沿いも歩いたのでとても日差しが強かったです。それに半年前は平地を歩いたのですが今回はアップダウンがあり石畳の上を歩くことも多く、景色はよかったものの、体力的にはきつかったです。

そしてついにお腹が痛くなり、もう歩けないかもと思いました。そのとき、塾長がおっしゃっていた「十四年間やってきましたが一人も途中棄権した人はいないので一番初めの人にならないでください」という言葉を思い出しました。そして、足を怪我しているT君でさえがんばっているのに何で僕がやめるんだ、絶対にリタイヤなんてしたくないという思いでいっぱいになりました。諦めたい気持ちから完歩したい気持ちに切り替わりました。

最後は体力ではなく気力で歩いたと思います。一緒に歩いたグループの仲間もとにかく応援してくれておんぶしてくれたり荷物を持ってくれたりしました。それによってまた気力をもらって最後のダッシュでは五十メートルも何とか走ることができて、ゴールまでたどり着けました。するとなぜかは自分でもわかりませんでしたが、ふとお腹の痛みがなくなりました。多分アドレナリンが出まくっていたからだと思います。

萩往還での完歩は、後で考えたら小さいことかもしれないけれど、心に決めた大きなことをやり遂げるには、自分だけでは難しかったり、時には周りの人の協力が必要ということも学びました。これからの人生で、もっと大きな目標、志を立て、志を遂げる時には必ず思い出すと思います。」（小6・男子）

最初の合宿では、夏の暑い時期でもあり、ものすごく楽しい時間を過ごしますから、塾生たちは寝不足にもなっていきます。その中で、4日間でグループの皆が「感じたこと、気づいたこと、学んだこと」をまとめて、15分程度のプレゼンを作成していかなければなりません。睡魔にも襲われますから、体力・気力がなければ乗り越えられないことを感じます。

最後の合宿であるこの萩往還を歩く研修では、足を痛めたり、おなかが痛くなったり、色々なアクシデントが起きるのを、いかに乗り越えるかが問われます。

できるだけ引率は助けないようにします。ただ、どの塾生よりもハードな時間の過ごし方をします。子どもたちはそうした大人の姿勢をよく見ています。誤魔化して楽をしているのが見て取れた瞬間に、自分も逃げ道を探そうとし始めます。引率には勿論、色々な役目があります。しかし、それは大人の理屈です。子ども目線では関係のないことですから、絶対にフェアな姿勢を貫くこと。それが子どもたちに困難を乗り越える力を育んでいると思います。

他にも、萩往還を歩いて塾生たちは次のようなことを感じています。

「最後の合宿である萩往還では、30キロという長い道のりを歩きましたが歩く前は「30キロなんて余裕で歩ける」と思っていました。でもいざ歩き始めると、最初の一キロでもうきつくなってしまいました。でも同じ班の人が「大丈夫？」や、「もう少しだよ」などと言って背中を押して励ましてくれました。朝六時くらいから夕方六時くらいまで歩いて、五重塔が見えた時、達成感と喜びと感動が一気に込み上げてきました。

門の手前で同じ班の友達の「せーの！」という掛け声と同時に全員一緒にゴール出来てすごく嬉しかったし、班員が一つになった気がしました。

この萩往還で30キロ歩いたことは、一番心に残り、とても感動し、最後まで諦めないということを学びました。」（中１・女子）

「次に、二度目の萩合宿は本当にみんなに感謝しています。30キロメートルもある、かつて吉田松陰先生も通ったことのある道を歩いた時は死ぬかと思いました。色々な対策をとりましたが結局意味がなく、まめや筋肉痛は足をひきずるものとなりました。しかし、私はまだ軽いほうでメンバーの中には足をくじいたり、お腹が痛くなったりする子が数名いました。そんな中、私が感激したことがあります。

それは自分がきつくても、気分が悪い子のサポートを一生懸命していたところです。私も途中できつくなり、リタイアしそうになりましたが、私の班の一班の子たちは一生懸命声をかけてくれました。歌を歌って苦しさを紛らわそうとしているところも、周りに迷惑をかけないように必死なところも全て本当に感動して思わず泣きそうになりました。みんなから元気をもらっているのに自分は何もしてあげられませんでした。

そして萩合宿の最後のスピーチは、みんな同じで苦しかったんだ、とみんなの本当の思いが聞けて良かったし、本当に感謝しています。

このように、３つの合宿で仲間の大切さを知りました。人は絶対に見た目、住んでいるところなどで決めるのではなく、本人で見ないといけない。私はこのバッカーズ少年教育10原則が心に刻みこまれました。みんな本当にありがとう。色んなことをあなた達から学びました。」（中１・女子）

体育会系の部活動などをしている子どもたちは、まだ、鍛練の機会があると思いますし、チームワークを学ぶチャンスもあると思います。

しかし、そうでない子どもたちにとっても、「困難に打ち克つ力」や「チームワーク」

を身につけておくことは、とても大切なことです。そして、その力は体験を通じてしか身につけていくことができないものだと思います。

バッカーズ寺子屋の合宿に共通しているのは、思いっきり遊ぶこと、楽しむこと、そして、それをやり抜くことです。こうした体験が非認知能力を伸ばし、他の様々な言語活動によって進化され、「志の教育」という一本の軸が通っていることで、子どもたちが成長するために必要な様々な刺激が効果的に与えられていることを感じます。

【第5章】未来へ託したいこと

制度改革ではなく、学び方の改革を

教育改革というと、多くの人たちは、反射的に「教育制度改革」を考えてしまいます。しかし、これまでの「教育改革」のほとんどが、かけ声だけに終わってしまったように感じられるのは、肝心の教える人たちの意識が急激には変わらないからです。新しい教育制度を作っても、新しい学校を建てても、結局、「教える人間」（教員）の意識の問題が、一番大きなテーマになります。教育というものは、人間が人間に影響を与えていく、極めて人間的な営みだからです。

確かに教育現場は、今、大きな変革期を迎えています。一人1台コンピュータを導入すること、プログラミング教育（プログラミング的思考に重点を置いた、小学校でのプログラミング教育の必修化）、小学校からの英語教育（2020年度からグローバル化に対応できる基礎的な力の育成のために、小学3、4年生に年35時間の「外国語活動」を実施。5、6年生に年70時間の教科としての「外国語科」が新設）。

こうした変化は歓迎すべきことですし、従来の知識を習得することも、受験勉強ももちろん必要なことですが、教育基本法に定められた、我が国の教育の目的は「人格の完成」です。これは、法律に定められていようがいまいが、最も大切な教育の本質だと思います。ちなみに、教育基本法第一条の条文は以下の通りです。

「第一条（教育の目的）教育は、人格の完成を目指し、平和で民主的な国家及び社会の形成者として必要な資質を備えた心身ともに健康な国民の育成を期して行われなければならない。」

「人格の完成」というテーマは、学校教育だけで何とかできる問題ではありません。家庭教育にも改革が必要となりますが、それは、結局、お父さん、お母さん、おじいちゃん、おばあちゃんの意識改革であり、習慣や行動、そして、その土台となっている考え方を変えていくこと以外に道はないものです。なぜなら、人格は、人物に学び、良き人格と触れ合う中で育まれていくものだからです。自然、歴史、文化、芸術、様々なものにふれあうことも大切です。

つまり、教育改革というのは、大人にとっての自分自身の意識改革であり、自分自身の人格を磨いていくことなのです。しかし、多くの人たちは、まさか自分の問題とは思わない。自分はもうこのままで良いと思っているし、教育期間というのは、学校に通っている期間のことであって、社会に出たら、もう私には教育は必要ない。多くの人たちがそう考えているように感じます。何年も前から生涯学習の重要性が語られているにもかかわらず、1カ月に1冊の本さえ読まない大人が50%近くにも上るのが現状なのです。

また、この本で見てきたように、「聴く」「読む」「書く」「話す」という基本的な学び方が、実社会で使う形とは、いくぶんズレた形で学校において教育されていることも大きな問題です。ここでは詳細は割愛しますが、「何のために聴き、読み、書き、話すのか」といった、「何のために」という部分が抜け落ちてしまっているから、学校でしか通用しない教え方・学び方になっているのだと思います。「何のために」というのは、実社会でそれをどう使って仕事をしていくかということです。学校の先生方にもその意識を持っていただくことが大切ですが、そのためには企業勤務や社会貢献活動などの社会人としての経験を積むこともある程度は必要だと思います。保護者の方も大多数はその世界で生きているし、子どもたちの多くも、将来、その世界で生きていくことになるからです。

知識の教育は、ＩＴの進歩によってその価値を失ってきています。知りたいと思うことは、Googleなど検索エンジンを使えば簡単に調べられますから、知識量の差で、先生が生徒を教える時代は既に過去のものとなっています。

これからは、知識をいかに使うかという「考え方」が問われる時代であり、「人格（人間性）」が益々大切になる時代です。なぜなら、ＡＩにせよ、様々な科学技術にせよ、先端技術を使うのは人間であり、その技術によって、善なるものを生み出そうとするか、悪しきものを生み出そうとするかは、人間性次第だからです。

例えば、包丁は善か悪か。美味しい料理を作れば善なる価値を生み出したことになりますし、それで人を刺し殺してしまえば悪しき価値を生み出したことになります。様々な新しい技術も発明品も同じで、それ自体は、善でも悪でもないのです。結局は、それをどう使うかという、人間の使い方いかんによって、生み出す価値は、善にもなり、悪にもなるのです。新しい技術も同じことです。だからこそ、私は、真・善・美を希求する人間教育が大切だと考えています。

教育における「不易」

私は変化のスピードが速い時代だからこそ、時代を超えて変わることのない、教育の「不易」の部分に、より目を向けていいたいと思います。「不易」の教育として大切なことは、四つあると思います。

まず一つ目は、「歴史に学ぶ」ということです。大きな時代の変化を日本はこれまでにも何度も経験してきました。近いところでは、先の大戦で焦土と化した日本を世界有数の経済大国へと再興した経験。江戸時代末期に西欧列強の力を目の当たりにして開国と近代化を成し遂げた経験です。

そうした場面で、先人たちが何を思い、どのように考え、行動したかを学ぶことには大きな意義があります。私たちが同じ困難に直面した時に、何が大切なことかを知る手がかりがそこにはたくさんあるからです。

また、立場を変えて、諸外国の歴史を学ぶことにも大きな意義があります。諸外国で起きた歴史的事実が、今日の国際情勢を生み出し、様々な国際機関や国の価値観にもつながっているからです。

時代や国は違えども、同じ「人間」が社会を作り上げ、現実を変えてきました。私たちは人類の進化の最先端に位置していますから、昔はできたけれど、今はできないということは、あまりないはずです。しかし、心の強さや、チャレンジ精神、忍耐力、大志を抱くことは、先人に遠く及ばないと感じることも多々あります。だからこそ、先人の「思い」と「生き方」を知ることが大切だと思います。

また、歴史を学べば、過去に起きた出来事から、現在起きていることの意味を考えたり、未来に起こるかもしれない、いくつかのことを想像したりもできます。つまり、歴史を人類の生き様として捉え、その経験に学ぶということです。知識の暗記として歴史を学ぶのではなく、「なぜ、このようなことが起きたのだろうか」「私が当事者ならどう判断するだろうか」「将来、こうしたことが起きたらどのように対応すれば良いだろうか」といった、他人事ではない、当事者としての「思考のトレーニング」として学ぶのです。

二つ目は、本書の中でお伝えしてきた、成長するための「学び方」を身につけるということです。「聴く・読む・書く・話す」という四つの領域は、これまでも、そしてこれからも変わることのない学び方の基本です。その深さを知り、自分自身の四つの領域の力を高めていくことは、非常に大切なことです。

この力を身につけるためには、バッカーズ寺子屋のような学びの「場」があることが有効です。アウトプットを前提としたインプットを習慣として身につけることができ、常に「感じたこと、気づいたこと、学んだこと（考えたこと）」を言語化していく、そうしたトレーニングの環境を作ることで、それらは身についていきます。学び方を磨くことは、「考える力」を磨いていくことでもあります。知識を暗記する従来の学びを越えて、「思考力」を磨く学びを大切にして欲しいと思います。

三つ目は「人格を磨く学び方」を大切にするということです。いつの時代にも、仕事をするのは人間です。より良い仕事をしようと思えば、良き人間になることが必要です。そして、自分の人間性を高めるには、橋本左内が言うように、「1、師友に学ぶ、2、読書をする、3、逆境の中での心の持ち方を磨く、4、感激する」の四つが大切です。

特に感激する体験は、人を成長させる大きなきっかけを作ってくれます。自然体験、海外への留学体験、国内外を旅する経験、歴史や文化（特に、哲学・芸術・科学・宗教などの精神的活動）に学ぶ経験、素晴らしい人と出会う経験、そうした経験が人格を磨くというのもまた、教育の「不易」に当たるものであり大切なことです。

また、プリンシプルを子どもの頃から心に刻むことも、人格を磨く上で大切なことです。自分の判断力と決断力を持ち、人間関係の中で他人に流されない自己を確立することが、組織や国家の在り方を正しくする力になると思います。「誠意、謙虚、誠実、勇気、正義、忍耐、勤勉、質素、節制」といった徳目は、洋の東西を問わず、また時代を問わず通用する価値観です。そうした力を身につける教育を実践していくことが大切だと思います。

四つ目は、「志を立てる」ための学びをしていくということです。「自分は何のために生きているのか」「自分は何のために学ぶのか」「どのように世の中に貢献していくのか」そうした「志」を立てることで、人は自ら学ぼうとし、より良い人生を生きていく努力を重ねていきます。体力も気力も充実した人生を生きていくことができます。しかし、「志」がなければ、二度とない大切な人生を、酔生夢死のものにしてしまいます。

「志」を立てる大切さは、紀元前の孔子の時代から言われていることであり、洋の東西を問わず、過去の偉人たちが異口同音に「志の大切さ」を語っています。既に別の章で述べましたが、「志を立てる教育」もまた、古くて新しい「不易の教育」だと思います。

以上、「1、歴史に学ぶ、2、学び方を磨く（考える力を磨く）、3、人格を磨く、4、志を立てる」、この四つの「不易なる教育」を私は伝えていきたいと考えています。勿論、流行の部分も大切ですが、それは、他の方々の叡智に学ばせていただきたいと思います。

本書で紹介したバッカーズ寺子屋の教育成果も、私一人では、到底生み出し得るものではありません。この教育は、素晴らしい経営者の存在があり、社員の皆様のお力があって初めてなし得る教育なのです。だから、私は、この「仕組み」と「考え方」を多くの方に知っていただき、同じような学び舎がたくさん生まれることを心から願っています。

小学4年生から中学3年生までの卒塾生たちのレポートを、第4章では、たくさんお読みいただきました。贔屓目かもしれませんが、本当に塾生たちは素晴らしい成長を遂げていきます。しかもそれは、たった30日ほどで起きる変化です。そして、それは大人になってからも、何らかの形で残っていくものです。成人した卒塾生の皆さんと酒を酌み交わしながらそう感じています。

勿論、全員が100%素晴らしい成長を遂げるわけではありません。なかなか上手くいかなくて、ホームカミングデイなどにも顔を出しにくいと思っている卒塾生もいることを知っています。しかし、それでも私はあまり心配はしていません。バッカーズ少年教育10原則を胸に、学んでくれたことを忘れさえしなければ、いつか必ず道が開けてくることを信じているからです。そうした卒塾生たちとの再会の日を私は楽しみにしています。

「バッカーズ寺子屋は、1年きりの学びではなく、生涯にわたって続く教育の場だと思いました」

一人の卒塾生がメールでくれた言葉です。

私は何とかして、この学びの「仕組み」を社会に残していきたいと思っています。この本をお読みいただき、共感して下さった方と、どこかでお目にかかれる日を楽しみにしています。

おわりに

２０２０年４月１日、島根県安来市にある足立美術館に北大路魯山人館がオープンしました。この稀代の美食家であり、芸術家である北大路魯山人という人物に、私は魅せられ続けています。

次の魯山人の言葉は足立美術館に展示されていた言葉です。この言葉からは、彼の仕事観を窺い知ることができますが、教育も同じだと私は思います。また、志ある人生を生きるということは、そういうことなのだと感じさせられる言葉でもあります。

「今後十年私に健康を与えてくれるなら、なんとかしたものを遺すべく、努力したいと思っている。努力といっても私のは遊ぶ努力である。私は世間のみなが働きすぎると思う一人である。私は世間の人がなぜもっと遊ばないかと思っている。画でも字でも茶事でも雅事でも遊んで良いことまで、世間は働いている。なんでもよいから、自分の仕事に遊ぶ人が出てこないものかと私は待望している。仕事に働く人は不幸だ。仕事を役目のように了えて他のことの遊びによって自己の慰めとなす人は幸せとは言えない。政治でも実業でも遊ぶ心があって余裕があると思うのである。」

夢中になって仕事に遊んでいる時に、時間は念頭にありません。教育においても、時間を切り売りして働く人と、魂を込め、自己研鑽に励み、時を忘れて夢中になって働く人とがいます。どちらが正しいと言うつもりはありません。教育の成果は子どもの成長によってのみ測られるものだからです。

ただし、教育も芸術も他の仕事も、人間が己の全身全霊をかけて打ち込めば、次の河井寛次郎の言葉に共鳴していくことになると私は思いますし、そのように生きたいと思います。

「人に好かれるかどうかは知りませんが、自分の好きなものを自分で作ってみようというのが、私の仕事です。そういう際に表現されるぎりぎりの自分が、同時に、他人のものだというのが自分の信念です。ぎりぎりの我に到達した時に初めて、ぎりぎりの他にも到達します。自他のない世界が、ほんとうの仕事の世界です。」

(『蝶が飛ぶ 葉っぱが飛ぶ』講談社文芸文庫)

精一杯仕事と向き合い、修業を重ね、自己を極め尽くした時に、初めて普遍性が生まれる。それは、芸術のみならず教育も同じだと思います。自分の時間は、自分の時間でもあり、天与の時間でもあります。自分の仕事は、自分の仕事でもあり、社会全体の仕事でもあります。私と公、自分と他者の境がわからなくなるほど、自分の仕事に没頭し、社会の役に立てた時に、志を持って生きることの意味がわかるのだと思います。

問題はそこまで行こうと決意し、努力を重ねていくかどうかです。働き方改革などと言われていますが、結局、働くことの意義は、自分自身が見出していくしかありません。

今後、益々、グローバル化もＩＴ化も進展していくと思います。今までになかった知識や技術を駆使して、新しい仕事に取り組む時代が、もうすぐそこに来ているのだと思います。

しかし、それでも私は、人間教育の重要性を説き続けようと思います。どれだけ時代が変わろうとも、人間が仕事をし、人間が社会を築き上げていくことに変わりはないからです。一度の人生を、有意義なものにし、周囲にも良き影響を与えていくことが大切です。

そして、人間の土台を作る時期というものは、多感な子どもの時期がとても大切で、その時期は二度と返ってこないものなのです。

北大路魯山人の次の言葉も、「人間」としての在り方がいかに大事かを伝えています。

「人間が創作する以上、人間が入用である。
人間なくしては出来ない相談である。
陶器を作る前に先ず人間を作ることである。名品は名人から生まれる。
しかるべき人間を作らずに、無暗に仕事にかかる如きは、
愚劣極まることだと知ってよい。
下らない人間は下らない仕事をする。立派な人間は立派な仕事をする。
これは確定的である。」

（『魯山人陶説』中公文庫）

厳しくも実に味わい深い言葉ですが、この言葉は、教師や親をはじめ、教育に関わる全ての人たちに受け止めて欲しい言葉だと思います。自分自身が、まず、立派な人間であろ

うとすることが大切なのです。確かに、北大路魯山人の生き方には激しい毀誉褒貶がついて回ります。しかし、その作品と言葉が時を超えて残っていくということは、やはり、その生き方は本物だったのだと思います。天命を受けた人生だったのだと思います。

私の場合、能力の不足と未熟さゆえに、なかなか教育への思いが伝わらず、日々、もがいていますが、そのことも森信三先生は、既に次のような言葉で表現されています。それは、私にとって支えであり、救いであり、励みです。

「教育とは流水に文字を書くような果ない業である。
だがそれを巌壁に刻むような真剣さで取り組まねばならぬ。」

(『森信三　一日一語』致知出版社)

「人間の生き方には何処かすさまじい趣がなくてはならぬ。一点に凝集して、まるで目つぶしでも喰わすような趣がなくてはならぬ。人を教育するよりも、まず自分自身が、この二度とない人生を如何に生きるかが先決問題で、教育というは、いわばそのおこぼれに過ぎない。」(同)

教育において問われているのは、何をどのように教えるかではなく、自分自身がどう学び、どう生きるのかなのです。そしてそれは、Ｈｏｗ　ｔｏで乗り切れるような単純なものではないと私は思います。

今回、「学び方を変えること」「志の教育を実践していくこと」の二つの大切さを書き綴ってきました。どこまでお伝えできたかわかりませんが、意のあるところをお酌み取りいただければ幸いです。また、家庭教育、学校教育、企業教育の場面で、何らかのヒントになれば嬉しい限りです。

この「おわりに」にまでも、先人たちの言葉をいくつも紹介しているのは、私たちが新しい発見や気づいたことだと思っているようなことも、実は先人たちが既に余すところなく語っていることが多いからです。先人の業績に対しての学び方が足りないから、知らなかっただけなのです。

私がバッカーズ寺子屋での教育を通じて気がついた、「10歳から15歳という多感な時期は、人生の基本姿勢を身につけていく上で本当に大切な時期だ」ということも、孔子の生きた紀元前から言われていることです。「吾、十有五にして学に志す」この言葉の奥深さに、私の方が力不足、勉強不足で、本当の意味に気づくことができていなかっただけです。「温故知新」。これも『論語』の中の言葉ですが、私は、教育界の先達の教育哲学に触れながら、共に学んで下さる全ての方（主として子どもたち）を師として、そして、友として、新しい時代の教育の在り方を、これからも探求していきたいと思います。

最後までお読みいただき本当にありがとうございました。心より感謝申し上げます。

2020年11月

木村　貴志

《参考文献》

・『プリンシプルのない日本』白洲次郎　新潮社
・『東井義雄　一日一言』東井義雄　致知出版社
・『修身教授録』森信三　致知出版社
・『一日一語』森信三　致知出版社
・『啓発録』橋本左内　講談社
・『地上最強の商人』オグ・マンディーノ　日本経営合理化協会出版局
・『庭園日本一　足立美術館をつくった男』足立全康　日本経済新聞出版社（日経ＢＰＭ）
・『心窓去来　補遺』下村湖人　池田書店
・『蝶が飛ぶ　葉っぱが飛ぶ』河井寛次郎　講談社
・『魯山人陶説』北大路魯山人　中央公論新社

【問い合わせ先】

バッカーズ寺子屋事務局

〒 105-0003
東京都港区西新橋 3-11-1
建装ビル 7 階 建装工業株式会社内
TEL：03-3434-1341　FAX：03-3434-1345
URL：https://backers-terakoya.net/
E-mail：backers-terakoya@kind.ocn.ne.jp

バッカーズ九州寺子屋事務局

〒 814-0001
福岡市早良区百道浜 2-4-27
AI ビル 9 階 麻生キャリア研修センター内
TEL：092-821-5012　FAX：092-822-4182
URL：https://backers-kyusyuterakoya.com
E-mail：jimukyoku@backers-kyusyuterakoya.com

Vision&Education,Ltd.【木村貴志オフィス】

〒 810-0044
福岡市中央区六本松 3-10--50
ベルメゾン赤坂フォレスト 503 号
TEL：092-401-5161　FAX：092-401-5162
URL：https://v-edu.co.jp
E-mail：info@v-edu.co.jp

【著　者】
木村 貴志（きむら たかし）

Vision&Education,Ltd. 代表取締役。バッカーズ寺子屋塾長。バッカーズ九州寺子屋塾長。

1962 年、福岡県生まれ。企業勤務、高等学校教師などを経て、2006 年に「志の教育を創る」を理念に Vision & Education,Ltd. を設立。代表取締役を務める。「志の教育」をテーマに全国各地で教育実践活動を展開中。

2005 年よりバッカーズ・ファンデーション（会長　セコム株式会社最高顧問　飯田亮氏）が主催する「バッカーズ寺子屋」の教育プログラムを作り塾長を務める。

2008 年からはバッカーズ九州寺子屋（支援者の会会長　株式会社麻生　代表取締役会長　麻生泰氏）の塾長を務め、二つの寺子屋の塾長として、次代を担う 10 歳から 15 歳の子供たちの育成に力を注いでいる。

また、「全ての人たちが志を持ち、活き活きと生きる社会の実現」を目指し、「志の教育」をテーマとした教育プログラムを、中学・高校・大学・専門学校・企業・団体など幅広い層を対象に実施している。古今東西の歴史上の人物の生き方、現代を生きるビジネスパーソンの生き方、日本の自然・文化・歴史、国際社会の大きな変化などを踏まえた「志の教育」には多くの支持が集まる。

幼児教育の分野においても、教育理念に関する研修（職員向け）、親心の学び舎（保護者向け）を実施するなど、日本の教育をより良いものにするための教育実践に力を注ぐ。

著書に、『「志」の教科書』（産経新聞出版）などがある。

〔研修テーマ〕
・「今、求められる志の教育」　・「先人の生き方に志を学ぶ」　・「人物を創る教育」
・「プレゼンテーション～伝えることの本質～」　・「親心を育む」

学び方が変わると人生が変わる

2021 年 1 月 15 日 初版発行
2021 年 2 月 28 日 2 刷発行

著　者　木村　貴志
発行者　田村　志朗
発行所　㈱ 梓 書 院
〒 812-0044 福岡市博多区千代 3-2-1 麻生ハウス 3F
tel 092-643-7075　fax 092-643-7095

印刷製本　亜細亜印刷㈱

ISBN978-4-87035-705-1